Bilingual Business Grammar

Gramática comercial bilingüe

LOUIS CHACON, JR.

Arizona Department of Education
Administrative Services
Phoenix, Arizona

MARIA LUISA PAREDES

East High School
Phoenix, Arizona

HERLINDA AVILES

Sahuaro High School
Tucson, Arizona

BARBARA L. DAVENPORT

Sahuaro High School
Tucson, Arizona

V61 **SOUTH-WESTERN PUBLISHING CO.**

CINCINNATI WEST CHICAGO, ILL. DALLAS PELHAM MANOR, N.Y. PALO ALTO, CALIF.

PREFACE

Bilingual Business Grammar is the first of a bilingual series of books designed to meet the multiple needs of true bilingual training. The series is an excellent prologue to more advanced work in bilingual business. The series includes **Personal Business, Skills for the Business World,** and **Bilingual Business Careers,** in addition to this **Bilingual Business Grammar.** Also available from the publisher are other books by other authors, namely, **Be Bilingual I and II, Bilingual Vocabulary, Skills for Bilingual Legal Personnel,** and **Bilingual Vocabulary for the Medical Profession.**

This book presents, in a concise outline, all the basics of grammar, using vocabulary that pertains to the business world. It can be used internationally as a text/workbook for diverse purposes in a variety of courses. It fulfills a priority need in today's trend to bring career education into the language (Spanish-English) classroom.

This series was developed to assist students who desire to strengthen their bilingual skills: the speaker of English, the speaker of Spanish, and the speaker of both English and Spanish. All the books were developed on the premise that by listening, speaking, reading, and writing the language, the greatest reinforcement occurs; therefore, learning, reviewing, and reinforcing are simultaneously taking place.

The flexibility of these text/workbooks is one of their outstanding features. The series is designed for large group instruction, small group instruction, as well as individualized instruction. The materials are structured so that the student can either work through the books independently while completing the activities on tape when indicated, or can work in a structured class.

FORMAT OF THE BOOK

This book is divided into units by topic; each unit contains a variety of materials pertaining to the subject of the unit. The materials for each

PREFACIO

El texto **Gramática comercial bilingüe** es el primero de una serie de textos destinados a proveer los diversos elementos que componen una completa preparación bilingüe. La serie constituye un excelente prólogo a un estudio más avanzado del comercio bilingüe. Los componentes de la serie incluyen **Asuntos personales, Conocimientos para el mundo del comercio y Carreras comerciales bilingües,** además de esta **Gramática comercial bilingüe.** La editorial también tiene disponibles otros libros bilingües escritos por diversos autores, tales como: **Sea Bilingüe I y II, Vocabulario bilingüe, Destrezas legales para el personal bilingüe y Vocabulario bilingüe para la profesión médica.**

El texto **Gramática comercial bilingüe** presenta, en forma concisa, todos los elementos de la gramática, valiéndose de un vocabulario propio del mundo comercial. Se presta al uso internacional en una variedad de clases con distintos fines. Sirve además a la necesidad actual de encausar la educación hacia las carreras comerciales en el salón de clases de español e inglés.

Esta serie se formuló para ayudar a los estudiantes que deseen desarrollar su capacidad bilingüe: al de habla inglesa, al de habla española, y al que sabe ambos, inglés y español. Todos los textos se basan en el principio de que un mayor aprendizaje se logra por medio de hablar, escuchar, leer y escribir el idioma. Por consiguiente, en esta serie se aprende, se repasa y se refuerza el idioma, todo al mismo tiempo.

La flexibilidad de estos textos/cuadernos de ejercicio es altamente práctica. La serie está destinada a emplearse en grupos grandes o pequeños, así como con individuos. El material está organizado de tal forma que un estudiante individual pueda estudiar los textos independientemente, completando su estudio con las actividades grabadas en cintas, según lo indique el texto, o participando en una clase.

ORGANIZACIÓN DEL TEXTO

El plan del texto es el siguiente: el material está dividido en unidades según el tema. Cada unidad contiene una variedad de materiales

unit include an explanation of the topic, applicable rules of grammar, business oriented vocabulary, learning activities for the student, dialogues, tapes, and tests. For the teacher, a key to all the activities and tests is included. Each unit is designed to be complete yet concise and to the point. In situations where the text is used for individualized study, the student, with teacher assistance, may select the materials he or she wants to study.

As a convenience to the student, these text/workbooks are designed with the Spanish on the right side and the corresponding English version on the left side. This enables the student who is strengthening his second language (or the teacher) to refer to the material in his/her major language, if necessary. In **Bilingual Business Grammar,** no direct translations are included, but similar concepts are contained in each unit. This book completely encompasses the basic concepts of the Spanish language and it is organized from simple to complex syntax. The book also includes similar rules for the English language that will assist a bilingual person to reinforce his/her English grammar skills.

The bilingual student with little or no proficiency in Spanish or English and/or no proficiency at all in Spanish or English will find this series of books easy and supportive in that the instruction is carried out in the target language with reference as needed to the student's dominant tongue. The goal is to help students improve their English and Spanish at the same time that they are becoming better versed about the business world. They will learn advanced bilingual business concepts, increase their business vocabulary, and acquire an introduction to the world of business.

HOW TO USE BILINGUAL BUSINESS GRAMMAR

The text/workbooks in this series are designed to be used in many ways. They can be used for **language learning,** particularly the language of business. The student can learn either Spanish or English from these text/workbooks.

Listening and speaking skills are emphasized throughout the grammar book, by contrasting and comparing Spanish-English, English-Spanish sounds. The grammar in each unit is presented in a simple format followed immediately by examples.

The **activities** at the end of each unit offer a variety of oral and written exercises and give enough practice in the basic patterns of

comprendidos por la materia de la unidad. El contenido de cada unidad incluye una explicación del tema, las reglas de gramática aplicables, un vocabulario comercial, ejercicios de aprovechamiento, diálogos, cintas grabadas y exámenes. Para el profesor se incluye una clave con las soluciones para todos los ejercicios y pruebas. Cada unidad está completa, pero al mismo tiempo es concisa y está dirigida a lo que se trata de aprender. En situaciones en que el texto se use para estudio individualizado, el estudiante, con la ayuda del profesor, puede seleccionar los materiales que él o ella quiera estudiar.

Para facilitar su uso, los textos en español y en inglés se "besan" en páginas opuestas. Esto permite que el estudiante que lo desee se pueda referir al material en su lengua natal. En el texto **Gramática comercial bilingüe** no hay traducciones literales, sino que conceptos similares se han incluido en cada unidad. Este texto abarca completamente los conceptos básicos de la lengua española, y está organizado ascendentemente de sintaxis sencilla a compleja. El texto también incluye reglas paralelas para la lengua inglesa que le servirán a una persona bilingüe que desee aumentar su conocimiento de la gramática inglesa.

El estudiante bilingüe con escasos conocimientos, en español o en inglés, encontrará los textos fáciles y alentadores, pues aunque el estudio se haga en el segundo idioma, el estudiante podrá referirse a su propio idioma según desee. El objeto es ayudar al estudiante a mejorar su español e inglés al mismo tiempo que se prepara para el mundo comercial, aprende conceptos comerciales más avanzados, adquiere un vocabulario comercial más amplio, y en general, recibe una introducción al mundo comercial.

CÓMO USAR LA GRAMÁTICA COMERCIAL BILINGÜE

La **Gramática comercial bilingüe**, así como los demás libros de la serie, se preparó con el propósito de rendir un gran servicio a los estudiantes en su aprendizaje de la lengua, sobre todo, la del mundo comercial. Los estudiantes aprenderán tanto español como inglés.

Se ha hecho hincapié en la adquisición de **la destreza auricular y oral** desde el principio hasta el fin del libro, indicando contrastes y similitudes entre los sonidos del español y del inglés. En cada unidad la gramática se presenta en forma sencilla y acompañada con ejemplos que la refuerzan.

Las **actividades** que se encuentran al final de cada unidad ofrecen una diversidad de ejercicios para ensayar la lengua tanto oralmente como

Spanish and English to enable the student to learn to use and react to these patterns automatically. The answers to these activities are located at the end of the text/workbook. If the text/workbook is used by students to study on their own without the teacher or as self-paced materials, the student can check his/her own work; or the teacher can remove the keys to the activities if it is the teacher's wish to do so.

In the **dialogues**, realistic situations are frequently used to make them useful for practical communication. Both syntax and vocabulary are learned in contextual relationships. The **vocabulary** in each unit is listed in a table for easy reference and includes the meaning of each word as it is used in context. The vocabulary should be reviewed prior to working through a unit.

Translation exercises are included for the purpose of strengthening this useful skill of a bilingual student and in order to reinforce the grammatical concepts.

Tapes are provided with most units for aural/oral exercises. The code TAPE SCRIPT within a unit indicates that a tape follows in those units requiring audio aid. There is a tape of approximately one hour's duration for Bilingual Business Grammar in English.

An **awareness of cultural values and patterns of behavior,** especially in the business world, is a significant part of the linguistic material. This is increasingly emphasized throughout the series.

An **evaluation** of student understanding of the concepts presented in this grammar text may be obtained by means of the standardized tests which are included at the end, preceding the key to activities.

This text/workbook and the other books in this series may be used in classrooms, offices, industry, or at home.

OBJECTIVE OF BILINGUAL BUSINESS GRAMMAR

The objective of this text/workbook is to provide the basic structure of Spanish and English grammar. The student will review and reinforce the various aspects of grammar which will enable him/her to grasp and apply the proper use of the language in business situations as measured by the tests provided.

por escrito, facilitándole así al estudiante el uso y la reacción a los patrones de una manera automática. Las soluciones a las actividades se encuentran al final del libro/cuaderno. Si los estudiantes emplean el libro para estudiar independientemente del profesor o de la profesora, a su propio paso, los estudiantes podrán revisar su trabajo; o los profesores podrán separar las páginas perforadas de las soluciones a las actividades, si así les parece mejor.

En los **diálogos,** se emplean situaciones de la realidad para que sean útiles dentro de la comunicación práctica. Sintaxis y léxico se aprenden dentro de un contexto. El vocabulario de cada unidad está en orden alfabético, enmarcado en un cuadro, para que los estudiantes se puedan referir con facilidad al significado de las palabras. Las acepciones están limitadas al sentido del texto. Este vocabulario debería repasarse antes de empezar cada unidad, recordando que toda palabra tiene muchos otros significados según el contexto en que se usen.

Los **ejercicios de traducción** se han incluido con el propósito de reforzar tanto esta destreza o habilidad, como los conceptos gramaticales de los estudiantes bilingües.

La mayoría de las unidades van acompañadas de **cintas** grabadas para la práctica auricular/oral. Si la palabra CINTA se encuentra dentro de una unidad, indica que ésta se ha provisto de material que requiere de la ayuda auditiva. Hay una cinta de aproximadamente una hora de duración para la **Gramática comercial bilingüe** (español).

El **conocimiento de los rasgos culturales** es de gran significado en el estudio lingüístico, especialmente en el mundo del comercio. Esto se evidencia en paulatino aumento a través de toda la serie.

Para **evaluar** a los estudiantes en los conceptos que se han presentado en esta gramática, los profesores deben servirse de los tres exámenes estandarizados que acompañan a cada libro. Esta gramática y los otros libros de la serie se pueden emplear en la clase, la oficina, el trabajo o en la casa.

OBJETIVO DE LA GRAMÁTICA COMERCIAL BILINGÜE

El propósito de este libro es presentar la estructura básica de la gramática del español y del inglés. Los estudiantes repasarán y reforzarán varios conceptos gramaticales que les permitirán confrontar con atino y propiedad situaciones del mundo comercial. Su destreza en el uso de tales conceptos será probada por medio de exámenes correlacionados con la materia.

CONTENTS

CONTENIDO

THE ENGLISH ALPHABET AND NOUNS

<table>
<tr><td>

OBJECTIVES

1. The student will demonstrate the ability to recognize, pronounce, and use the English Alphabet.

2. The student will demonstrate the ability to recognize, define, and use Nouns (Proper, Common, and Collective).

</td></tr>
</table>

I. The **ENGLISH ALPHABET** has 26 letters. They are:

a	j	s
b	k	t
c	l	u
d	m	v
e	n	w
f	o	x
g	p	y
h	q	z
i	r	

EL ALFABETO, LOS SUSTANTIVOS Y LOS DIPTONGOS

OBJETIVOS

1. Al terminar la unidad el estudiante podrá reconocer los sonidos de la lengua española.

2. El estudiante sabrá distinguir entre el uso de los sustantivos propios, comunes y colectivos.

El alfabeto español consta de treinta* letras:

a	e	j	n	r	v
b	f	k	ñ	rr	w
c	g	l	o	s	x
ch	h	ll	p	t	y
d	i	m	q	u	z

Las VOCALES son: a e i o u

Las vocales fuertes son: a e o

Las vocales débiles son: i u

 En algunos casos la "*y*" se considera vocal si está al final de la palabra.
Ejemplos: rey, ley, buey.

I. PRONUNCIACIÓN DE LAS VOCALES

a — con la boca bien abierta

e — con la boca menos abierta que al pronunciar la a

i — las cuerdas de la garganta vibran

o — la boca casi cerrada

u — el sonido viene de atrás del paladar

*La *k* y la *w* sólo se usan en español en palabras de origen extranjero.

II. The pronunciation of VOWELS

Long sound
a — paid
e — key
i — high
o — over
u — use

Short sound
a — accept
e — net
i — middle
o — box
u — up

II. PRONUNCIACIÓN DE LAS CONSONANTES

La *b* y la *v* se pronuncian igual cuando la una o la otra es la letra inicial de una palabra, así como también cuando van después de *n, ñ, ó m,* — barco, venta, ventana, bailar.

La *c* (ce) — delante de la *e* o de la *i* se pronuncia igual que la *s.* Por ejemplo: cine, cena, cima, cemento, cementerio, circo, acero, aceite, cielo.

La *c* — delante de *a, o, u* se pronuncia como la *qu* y la *k.* Por ejemplo: cama, como, cuna, coro, color, campaña, campiña, colosal, cuidado, curso, sucursal.

La *ch* (che) — se pronuncia con la lengua tocando el paladar y las mandíbulas casi cerradas, como en hacha, chamaco, chiquita, chofer, choclo.

La *d* (de) — cuando ocurre como letra inicial, suena fuerte, como en doctor, dolor, dar, decir, difícil, duro.

La *d* — cuando no es inicial suena suave, como en dedo, nada, poder, cada, miedo, helado, ciudad, caudal, duda. Se pronuncia tocando levemente con la lengua los dientes superiores.

La *f* (efe) — se pronuncia rozando el labio inferior con los dientes superiores, como en fácil, difícil, geografía, francés, fuego, fusil, fuente.

La *g* (ge) — delante de la *e* ó de la *i* suena como la *j* como en gigante, general, gerente, gente, giro, girar, gimnacia, ágil, frágil, gemir.

La *g* — delante de *a, o, u* tiene un sonido suave, lo mismo que *gu* ante la *e* ó la *i;* por ejemplo, ganar, goma, gusano, venganza, ganado, gota, guitarra, guerra, guindar, embrague, llegue.

La *h* (ache) — es muda todo el tiempo, como en helado, hamaca, hacia, hermosa, heredar, hortaliza, hospital, humedad, hueso, hacha, ahora, hierro, hembra, harpa.

La *j* (jota) — tiene el mismo sonido que la *g* delante de *e, i,* como en jefe, jirafa, cajero, mensaje, relojero, prójimo.

La *k* (ka) — tiene el sonido de la *c* cuando la *c* va seguida de la *a, o, u* y en la combinación *qui, que;* por ejemplo, quincena, cama, queso, quise, coche, cuna.

La *l* (ele) — se pronuncia con la lengua tocando los dientes superiores de manera que quede un espacio abierto por ambos lados de la lengua, como en lata, lacayo, lamento, molino, clase, ladera, planta, ágil, frágil, luna, lento, general.

La *ll* (elle) — se pronuncia con la punta de la lengua tocando los dientes inferiores, como en allá, allí, valla, cabello, estrella, villa, aquellos, caballo, llama, lluvia, llorar, llevar, llegar.

La *m* (eme) — el sonido de la *m* se produce más por la nariz que por la boca, cerrando y abriendo los labios rápidamente, como en masa, melón, medio, mártir, morir, mueca, muela, muchacha, amén, almohada, almacén.

La *n* (ene) — el sonido de la *n* es aún más nasal que el de la *m,* pegando la lengua al paladar y abriendo los labios ligeramente. Por ejemplo: nota, noble, nada, naña, niebla, nene, necio, nación, corazón, antena, nuevo, nuez.

La *ñ* (eñe) — es nasal también: niño, año, dueño, mañana, ñandú.

La *p* (pe) — se pronuncia cerrando los labios y abriéndolos rápidamente, como en pabellón, pueblo, pacífico, paciencia, pájaro, paloma, paso, puño, potro, pedir, aplauso, amputar, ampolla, mariposa.

La *q* (qu) — antes de *ue,* ó *ui* suena como la *k.* La *u* no se pronuncia en estos casos. Ejemplos: querer, queso, quiso, quinto, quincena, querido, quebrantar, quedarse, quemar, quizás, embarque.

La *r* (ere) — se forma el sonido con la boca ligeramente abierta y corriendo la punta de la lengua de las encías inferiores a las superiores. Cuando la *r* es la letra inicial de una

III. The pronunciation of **CONSONANTS**

b — **b**ill	n — **n**ote
c — **c**apital	p — **p**ay
d — **d**ay	q — **q**uarter
f — **f**ile	r — **r**ate
g — **g**o	s — **s**afe
h — **h**igh	t — **t**op
j — **j**et	v — **v**ote
k — **k**ey	w— **w**ork
l — **l**etter	x — **x**-ray
m— **m**an	z — **z**ero

palabra suena como *rr*. Ejemplos del sonido *r*: pero, puro, para, toro, moro, loro, lira, mirada, girasol, cara, farol, apertura.

La *rr* (erre) — se produce su sonido haciendo vibrar la punta de la lengua contra los dientes superiores, como en rosa, río, arroyo, carruaje, ferrocarril, barril, arroz, rápido, carro, carretera, perro, interrumpir, enterrar.

La *s* (ese) — se pronuncia mediante un escape de aire entre los dientes, como en silla, escritorio, sueldo, saldo, recepcionista, esa, camisa, mensajero.

La *t* (te) — se produce su sonido pegando la punta de la lengua a los dientes y encías superiores, luego quitándola rápidamente. Ejemplos: todo, Teresa, tomar, tormenta, tirar, ternero, tabaco, tallar, trabajar, entretener, intercambio.

La *v* (ve) — no hay diferencia en la pronunciación de la *v* y la *b*. Al inicio de palabra la *v* y la *b* se pronuncian con los labios cerrados; por ejemplo: barco, venta, venganza, bueno. Cuando la *v* o la *b* está en medio de la palabra o al final de la misma, la *v* y la *b* se pronuncian con los labios entreabiertos; por ejemplo: ave, árbol, caballo, pavo.

La *w* (doble v ó doble u) — En español no existen palabras que incluyan esta letra. En palabras y nombres alemanes se pronuncia como **v**; en inglés se pronuncia como la u española.

La *x* (equis) — suena como *gs, ks, j, s* — tiene el sonido *gs* cuando ocurre entre dos vocales, como en examen, éxito, existir; tiene el sonido *s* o *ks* cuando ocurre antes de una consonante, como en exclamar, explicar, extremo, extraño, excelente, extranjero; y por razones históricas del idioma, la *x* en México tiene el sonido *j*.

La *y* (y griega o ye) — se pronuncia pegando la lengua al cielo de la boca y luego separándola. Ejemplos: yegua, ya, yermo, yerno, yerro, yerba, yunta, yuca, yodo, yugo.
— En algunos casos la *y* suena como la vocal *i*, como en rey, Monterrey, y también en la conjunción *y*.

La *z* (zeta) — en España se pronuncia con la lengua sobre los alvéolos de los dientes superiores y luego entreabriendo la boca. Ejemplos: zumo, zapatos, zarpar, zarzuela, zorra, zorzal. En Latinoamérica se pronuncia como la *s*.

III. LOS SUSTANTIVOS PROPIOS, COMUNES Y COLECTIVOS

Los sustantivos son palabras que designan objetos, animales, personas o ideas, y se clasifican como sustantivos propios, sustantivos comunes y sustantivos colectivos.

Los *sustantivos propios* son palabras que designan un objeto, animal, persona o idea individualmente, apartándola de lo general, como por ejemplo cuando se indica una persona, o una ciudad, o un animal por su nombre propio. Ejemplos: Carlos, San Juan, Rocinante.

Los *sustantivos comunes*, por el contrario, son palabras que designan clases generales de personas, animales, objetos o ideas. Ejemplos: hombre, caballo, caja, enfermedad, honradez.

Los *sustantivos colectivos* son palabras que designan grupos o clases que constituyen una especie de unidad, como por ejemplo: rebaño, ejército, flotilla, manada, club. El sustantivo colectivo se distingue del sustantivo común por el hecho de que el colectivo se refiere a un grupo o clase, mientras que el común se refiere a *miembros* de grupos o clases que no constituyen una unidad total. Por ejemplo: *ejército* es un sustantivo colectivo, mientras que *soldado* es un sustantivo común; *manada* de caballos es un sustantivo colectivo, mientras que *caballo* es un sustantivo común. Al mismo tiempo, obsérvese que aunque el sustantivo común se refiere a miembros de clases, no

IV. NOUNS

In the English language a noun is a word that names a person, place, or thing.

>   Example: The **secretary** used the **typewriter.**
>   (person)   (thing)

The noun used may be considered **common** or **proper.** A **common noun** is a word that is used to identify a class of persons, places, or things such as **man, girl, theater, elevator,** etc.

>   Example: The **girl** saw a **man** on the **elevator.**

A **proper noun** names a particular person, place, or thing such as **Mr. Lopez, Peru, Honeywell Corporation.**

>   Example: **Mr. Lopez** works as a computer programmer for **Honeywell Corporation.**

A **collective noun** is singular in form but refers to a collection of things or persons, such as **committee, group, crowd, jury.** These nouns may be used in a singular sense or in a plural sense.

>   Examples: Singular — The **committee has made** its report.
>
>   Plural   — A **committee** of five **are discussing** the task.

A singular verb is used when the collective noun acts as a unit. A plural verb is used when there is individual action. Collective nouns have plural forms as well: **jury — juries, class — classes.**

>   Examples: **Juries** are used in various criminal cases.
>   **Classes** are offered in English, Spanish, and French.

se refiere a un miembro de una clase a modo de apartarlo de la clase como individuo; por ejemplo: el sustantivo común soldado no aparta a ningún soldado en particular de la colectividad apelada ejército. Si lo apartara designándolo como Carlos González, por ejemplo, entonces tendríamos un sustantivo propio.

Los sustantivos cambian de forma según su género (masculino, femenino, ambiguo o neutro) y su número (singular o plural). Por ejemplo, niño, niña, niños, niñas, en cuanto a género y número.

Algunos sustantivos comunes y colectivos son:

COMUNES	COLECTIVOS	COMUNES	COLECTIVOS
oveja	rebaño	barco	flotilla, armada
lobo	jauría	soldado	ejército
burro	recua	socio	sociedad
pájaro	bandada	piedra	pedregal
hombre	humanidad	cura	clero
árbol	arboleda, bosque	casa	caserío

IV. DIPTONGOS

Un diptongo es la combinación de una vocal fuerte y una débil o la combinación de dos vocales débiles.

Los diptongos se pronuncian como un solo sonido, pero si la vocal débil lleva el acento escrito (ortográfico) entonces el diptongo se disuelve: ejemplo — ataúd.

Las vocales fuertes son: a, e, o.   Las vocales débiles son: i, u.

Ejemplos de diptongos.

AI — hay, aire, baile, fraile, aislado, airoso
AU — autor, causa, aunque, inaugurar, aumento, auditor, jaula
EI — rey, ley, veinte, treinta, deidad
EU — Europa, Eulalia, neutral, eucalipto, eufemismo, euforia
OI — boina, hoy, oigo, Zoila, coima, coincidir, sois
IA — viajar, pronunciar, acariciar, adolescencia, trivial, diabetes, momia
IE — quiero, hierro, hielo, cierzo, cierto, tierra, ciencia, ciento
IO — precio, desprecio, suicidio, sucio, tercio, curiosidad
UA — cualidad, amortiguar, igual, santiguar, ajuar, iguana, cuatro, casualidad
UE — bueno, hueso, huérfano, cuero, cincuenta, descuento, vuelo, abuelo
UO — cuota, cuociente, duodeno, conspicuo, promiscuo
IU — ciudad, triunfo, viuda, piular, triunvirato
UI — cuidar, huir, suicidarse, güiro, Luisa, destruir, contribuir, buitre

Los triptongos son combinaciones de tres vocales, dos débiles y una fuerte en medio.

iei — despreciéis
iai — enviáis
uai/uay — Paraguay, Uruguay, averiguáis, fraguáis
uei/uey — Camagüey, buey

```
┌─────────────────────────────────────────────────────────────────┐
│                         VOCABULARY                                │
│                                                                   │
│        accountant              —  contador, contable             │
│        capital                 —  capital                         │
│        committee               —  comité                          │
│        computer programmer     —  programador de computadora      │
│        elevator                —  ascensor, elevador              │
│        file clerk              —  archivador                      │
│        letter                  —  carta, (correspondencia)        │
│        quarter of the year     —  trimestre                       │
│        secretary               —  secretario (a)                  │
│        typewriter              —  máquina de escribir             │
│                                                                   │
└─────────────────────────────────────────────────────────────────┘
```

ACTIVITIES

Activity I: TAPE Listen to the tape and repeat the alphabet orally.

Activity II: TAPE Listen to the pronunciation on the tape of each vowel and repeat each one orally.

Activity III: TAPE Listen to the sound of each consonant on the tape and repeat each one orally.

Activity IV: In the following sentences identify each noun and indicate whether it is a proper, common, or collective noun. Above the noun write a **P** for proper noun, **C** for common noun, and **COL** for collective nouns.

1. The office staff was made up of men and women.
2. The accountant was one of a large group of office workers.
3. The receptionist worked for Smith, Garcia, and Chacon.
4. The committee selected Jane as the office representative.
5. A crowd gathered outside to listen to the president.
6. The audience rose to their feet and applauded.
7. Jorge was the office manager for the company.
8. The typing team represented Cactus High School at the tournament.
9. The file clerk is responsible for the company's filing.
10. The travel clerk made reservations for the group.

VOCABULARIO

bandada de pájaros	— flock of birds	pabellón	— pavilion
consonante	— consonant	país	— country
contador, contable	— accountant	publicidad	— publicity
embrague	— clutch	quincena	— fifteen days
ejército	— army	rebaño	— flock, as of sheep
estado de cuentas	— bank statement	recua	— drove of beasts of burden
extranjero	— foreign, foreigner	socio	— member of an organization
gráficas	— graphs	tallar	— to carve, to engrave
humanidad	— humanity	vocales	— vowels
manada	— herd	yerno	— son-in-law

ACTIVIDADES

Actividad **I.** *CINTA.* Escuche la grabación y repita cuando se lo pidan. (Vea pág. 13)

Actividad **II.** Conteste a las siguientes preguntas que están basadas en la grabación.

1. ¿Cuáles son las letras del alfabeto español que no existen en el alfabeto inglés?

   ....

2. ¿Cuántas letras hay en el alfabeto español? ....

3. ¿Cuáles son las vocales? ....

4. ¿Cuáles son las consonantes? ....

   ....

5. ¿Cuál es la diferencia entre la pronunciación de la *d* al principio de la palabra

   y la *d* en otra posición? ....

   ....

Actividad **III.** Dé el *sustantivo colectivo* de los siguientes sustantivos comunes:

COMÚN	COLECTIVO	COMÚN	COLECTIVO
1. oveja	....	6. árbol	....
2. lobo	....	7. barco	....
3. burro	....	8. soldado	....
4. pájaro	....	9. socio	....
5. hombre	....	10. piedra	....

Actividad **IV.** Indique con los signos *COM, común; COL, colectivo; P, propio;* la forma del sustantivo que aparece en letra cursiva en los siguientes ejemplos.

1. *La señorita Ríos* es la contadora. ....
2. *Guadalajara* es un centro comercial. ....
3. *El cajero* está ausente. ....
4. *Los estados de cuenta* están hechos. ....
5. *El comité de inversiones* está en sesión. ....

TAPE SCRIPT

MV*: Book I, Unit 1, Activity I.

You will now hear the sounds of the English alphabet. Listen the first time as I say each letter of the alphabet. Ready?

a	b	c
d	e	f
g	h	i
j	k	l
m	n	o
p	q	r
s	t	u
v	w	x
y	z	

Now listen again, and this time repeat each one after me.

a (PAUSE)	b (PAUSE)	c (PAUSE)
d (PAUSE)	e (PAUSE)	f (PAUSE)
g (PAUSE)	h (PAUSE)	i (PAUSE)
j (PAUSE)	k (PAUSE)	l (PAUSE)
m (PAUSE)	n (PAUSE)	o (PAUSE)
p (PAUSE)	q (PAUSE)	r (PAUSE)
s (PAUSE)	t (PAUSE)	u (PAUSE)
v (PAUSE)	w (PAUSE)	x (PAUSE)
y (PAUSE)	z (PAUSE)	

MV: Book I, Unit I, Activity II.

Now listen to the vowel sounds.

a   e   i   o   u

Now repeat after me.

a (PAUSE)   e (PAUSE)   i (PAUSE)   o (PAUSE)   u (PAUSE)

Vowels have long and short sounds. Listen to the long sounds of the vowels in these words and repeat after me.

a — paid (PAUSE)   e — key (PAUSE)   i — high (PAUSE)   o — over (PAUSE)

u — use (PAUSE)

*MV: Means Master Voice on the tape.

6. *La junta ejecutiva* rechazó las gráficas. ....

7. La Argentina vendió varios *rebaños* de ovejas. ....

8. *Los cheques* no llegaron a tiempo. ....

9. *La compañía de seguros* canceló el contrato. ....

10. *La señora Rodríguez* es la jefa de publicidad. ....

Actividad V. Seleccione de la *lista B* la forma común que corresponde al nombre propio de la *lista A*

LISTA A	LISTA B
1................Carlos	hombre
2................Rocinante	ciudad
3................Amazonas	caballo
4................Puerto Rico	bebida
5................Sierra Madre	empresa
6................Ponce	país
7................La Prensa	océano
8................Coca-cola	río
9................Pacífico	montañas
10................Banco Popular	periódico

GRABACIÓN

VG: *Libro I, Unidad 1, Actividad I.*

El alfabeto español contiene treinta letras.

REPITA: a b c ch d e f g h i j k l ll m n ñ o p q r rr s t u v w x y z

Las vocales son: a e i o u.   REPITA: a e i o u.

Las vocales fuertes son: a e o.   REPITA: a e o.

Las vocales débiles son: i u.   REPITA: i u.

Las letras CH LL Ñ RR no existen en el alfabeto inglés.

REPITA: CH —chaqueta, chico, muchacho, choclo
REPITA: LL —llama, llanto, llamo, lleno
REPITA: Ñ —niño, mañana, dueño, ñoño
REPITA: RR —barril, carril, ferrocarril, carrillo, carretera, ferretería, férreo

Las letras *B* y *V* tienen el mismo sonido en español. Escuche: banco, bandera, vaya, barril, vino.

REPITA: banco, bandera, vaya, barril.

Now listen to the short sounds of vowels and repeat each one after me.

a — **a**ccept (PAUSE)   e — n**e**t (PAUSE)   i — m**i**ddle (PAUSE)   o — b**o**x (PAUSE)

u — **u**p (PAUSE)

Can you tell the difference between the long and short sounds?

MV: Book I, Unit I, Activity III.

Now I will say the consonants. Listen as I say each consonant and the sound of that consonant in a word. Ready?

b — **b**ill   c — **c**apital   d — **d**ay   f — **f**ile   g — **g**o   h — **h**igh   j — **j**et   k — **k**ey

l — **l**etter   m — **m**an   n — **n**ote   p — **p**ay   q — **q**uarter   r — **r**ate   s — **s**afe   t — **t**op

v — **v**ote   w — **w**ork   x — **x**-ray   z — **z**ero

Now listen again, and this time repeat after me.

b — **b**ill (PAUSE)   c — **c**apital (PAUSE)   d — **d**ay (PAUSE)   f — **f**ile (PAUSE)   g — **g**o (PAUSE)

h — **h**igh (PAUSE)   j — **j**am (PAUSE)   k — **k**ey (PAUSE)   l — **l**et (PAUSE)   m — **m**an (PAUSE)

n — **n**ote (PAUSE)   p — **p**ay (PAUSE)   q — **q**uarter (PAUSE)   r — **r**ate (PAUSE)

s — **s**afe (PAUSE)   t — **t**op (PAUSE)   v — **v**ote (PAUSE)   w — **w**ork (PAUSE)

x — **x**-ray (PAUSE)   z — **z**ero (PAUSE)

ESCUCHE: mover, vivir, suave, lava, lleva, cebada, caballo.

REPITA: mover, vivir, suave, lava, lleva, cebada.

LA LETRA C DELANTE DE E ó I SUENA COMO S

REPITA: cine, cinco, cinturón, cena, necesario, necedad.

LA LETRA C DELANTE DE A, O, U SUENA COMO K ó Q

REPITA: cama, como, cuna, cómodo.

LA LETRA D COMO LETRA INICIAL SUENA FUERTE

ESCUCHE: doctor, donde, dar, decir, desear, demandar.

REPITA: doctor, donde, dar.

LA LETRA D EN OTRA POSICIÓN ES SUAVE

ESCUCHE: dedo, nada, cada, adonde, duda, ciudad, libertad.

REPITA: dedo, nada, cada, adonde, duda.

LA LETRA G DELANTE DE LAS LETRAS E ó I SUENA COMO J

ESCUCHE: gigante, gente, ágil, giro, general.

REPITA: gigante, gente, ágil.

*LA LETRA G DELANTE DE A, O, U TIENE UN SONIDO MÁS SUAVE QUE LA G DE-
LANTE DE E ó I*

ESCUCHE: gorra, guante, ganado, gana, goma, gota.

REPITA: gorra, guante, ganado, gana.

LA LETRA Q ANTES DE UE ó UI SUENA COMO LA K, LA U ES MUDA

ESCUCHE: queso, que, aquí, aquel, embarque.

REPITA: queso, que, aquí.

*LA LETRA R NO VIBRA TANTO COMO LA RR, EXCEPTO AL PRINCIPIO DE LA
PALABRA.*

ESCUCHE: pero, espero, cuarto, armario, arma, dar, toro

REPITA: pero, espero.

LA LETRA RR TIENE MUCHA VIBRACIÓN

ESCUCHE: carro, arroz, barril, carril, ferrocarril, carruaje, perro, sierra, barra, barreno,
borracho, Rosa, Roberto, rico, rojo, arriba.

REPITA: carro, arroz, barril, carril.

AHORA ESCUCHE CON MUCHO CUIDADO Y DISTINGA LA PRONUNCIACIÓN:

pero	perro	aras	arras
caro	carro	foro	forro
pera	perra	mora	morra
careta	carreta	moro	morro
cero	cerro	boro	borro

PRONOUNS

OBJECTIVE

The student will demonstrate the ability to recognize, define, and use English Pronouns.

Speech and writing would be quite awkward if we had only nouns to refer to persons, places, or things. Our English language would look like this:

> Jane took Jane's typewriter home.
> Maria found Maria's book in Maria's locker.

Fortunately there are words that can be used in place of nouns. They are called **pronouns.** By using pronouns we can say:

> Jane took **her** typewriter home.
> Maria found **her** book in **her** locker.

The word **her** is used in place of Jane and Maria.

I. PERSONAL PRONOUN

Personal pronouns are used to replace nouns that name persons, places, or things. A personal pronoun is in the **first person** if it refers to a person speaking (I, me, we, us), **second person** if it refers to a person spoken to (you), **third person** if it refers to a person, place, or thing spoken about (he, him, she, her, it, they, them).

LOS PRONOMBRES

OBJETIVOS

1. Al terminar la unidad, el estudiante reconocerá las diferentes clases de pronombres.
2. El estudiante podrá usar estos pronombres con facilidad.
3. El estudiante sabrá usar la preposición *a* antes del complemento directo.

Los pronombres se dividen en varias categorías: pronombres personales, pronombres reflexivos, pronombres demostrativos y otros. En este capítulo presentamos los pronombres personales en su función de sujetos de la oración, en su función de complemento directo e indirecto y en su función de complemento de la preposición. También incluimos los pronombres demostrativos, relativos y reflexivos. (Los pronombres posesivos se tratan en la unidad 5, página 73).

I. LOS PRONOMBRES PERSONALES

A. Pronombres personales como *sujetos de la oración*.

Yo, primera persona del singular.
Tú, segunda persona del singular.
Él, ella, Ud., tercera persona del singular.
Nosotros, la primera persona del plural.
Vosotros, la segunda persona del plural.
Ellos, ellas, Uds., la tercera persona del plural.

Ejemplos:

Carlos es contador.   *Él* es contador.
El jefe, la secretaria y *yo* asistiremos a la junta.   *Nosotros* asistiremos a la junta.

Cuando el sujeto de la oración no es una persona sino una cosa, el sujeto no se puede substituir con un pronombre personal.

Ejemplo:

La factura está en el escritorio. No es permitido substituir la factura con el pronombre *ella*.

B. Los pronombres personales como *complemento directo e indirecto*.

1. El *complemento directo* es la parte de la oración que recibe la acción que el verbo expresa. Los pronombres personales en función de complemento directo son los siguientes:

SINGULAR — *me, te, le, la, lo*
PLURAL — *nos, os, los, las*

	First Person		Second Person		Third Person			
						Singular		**Plural**
	Singular	**Plural**	**Singular**	**Plural**	**Masculine**	**Feminine**	**Neuter**	
(Nom.)	I	we	you	you	he	she	it	they
(Obj.)	me	us	you	you	him	her	it	them
(Poss.)	my	our	your	your	his	her	its	their*
(Poss.)	mine	ours	yours	yours	his	hers	its	theirs

Examples:

— **I** used a book about office procedures.
(person speaking — 1st person)

— The telephone call is for **you**.
(person spoken to — 2nd person)

— The girls are looking for **him.**
(person spoken about — 3rd person)

---

*See Unit 5 and especially p. 68.

1st Person

2nd Person

3rd Person

All third person

Ejemplo:

El empleado lee *las listas de precios. Las listas de precios* es el complemento directo y el pronombre *las* lo reemplaza así: el empleado *las* lee.

2. El *complemento indirecto* es la parte de la oración a la cual se dirige la acción del verbo, o en cuyo provecho o prejuicio ocurre la acción del verbo.

Ejemplo:

El empleado muestra la mercancía *a los clientes.* El complemento indirecto del verbo mostrar se substituye por el pronombre *les,* así: el empleado *les* muestra la mercancía.

Los pronombres personales en función de complemento indirecto son:

SINGULAR — *me, te, le*
PLURAL — *nos, os, les*

Los pronombres personales como complemento directo e indirecto pueden ocurrir en la misma oración. En ese caso, el complemento indirecto precede al complemento directo. Observe que el pronombre *les* se convierte a *se* antes de *lo, la, los, las.*

Ejemplos:

El empleado muestra la mercancía *a los clientes.*
El empleado *les* muestra la mercancía.
El empleado *se las* muestra.

C. Los pronombres personales como *complemento de la preposición* son: *mí, ti, usted, él, ella, ello, nosotros (as), vosotros (as), ellos, ellas, ustedes.*

Estas formas se pueden usar con cualquier preposición.

Ejemplos:

Esta carta es para mí. (*Para* es la preposición, y *mí* es el pronombre personal como complemento de la preposición *para*).

El despacho está *cerca de ustedes.*
Las luces están *delante de nosotros.*

D. La *posición de los pronombres* en la estructura de la oración varía. Por lo general vienen antes del verbo, excepto con el imperativo afirmativo, con el infinitivo, y con el gerundio.

Ejemplos:

Abra Ud. la carta.
Ábra*la* Ud. (imperativo)
Tenga la bondad de abrir*la* (infinitivo)
Estoy abriéndo*la* (gerundio)

Observe que si el imperativo es negativo el pronombre precederá al verbo. No *la abra* Ud.

II. PRONOUN AGREEMENT

The **antecedent** is the word to which a pronoun refers. A pronoun must agree with its antecedent in number, person, and gender. If the antecedent is **singular,** the pronoun must be **singular.** If the antecedent is **third person,** the pronoun must be **third person.** If the antecedent is **feminine** the pronoun must be **feminine.**

The **girls** took **their** places.
(girls — plural, 3rd person; so is **their**)

When will **we** get **our** checks?
(we — plural, first person; so is **our**)

Mr. Mansfield told of **his** early experiences.
Mr. Mansfield — singular, masculine, 3rd person; so is **his)**

One of the girls dropped **her** folder.
(One — singular, feminine, 3rd person; so is **her**)

III. PERSONAL PRONOUN CASE FORM

There are three case forms of personal pronouns: nominative, objective, and possessive. To know what form of a personal pronoun we should choose, we must know how it is being used: as a **subject,** an **object,** or as a **possessive.**

a. Nominative Case

Personal pronouns are used in the nominative case when they are subjects.

Examples: **I** agree with Albert.
He is not going.
We understand.

b. Objective Case

Personal pronouns are used in the objective case when they are direct objects, indirect objects, or objects of a preposition.

1. Direct Objects

A direct object is a noun or pronoun that receives, or is affected by, the action of a verb.

Examples: Mary typed the **report.**
The director cancelled the **meeting.**

The boss promoted **him.**
The secretary typed **it** well.

2. Indirect Objects

An indirect object is a noun or pronoun that receives secondary action, rather than direct action, from the verb. Indirect objects are often seen as the object of a preposition.

II. LOS PRONOMBRES DEMOSTRATIVOS

Los pronombres demostrativos sirven para mostrar los objetos señalando su *local geográfico* con respecto a determinada persona.

Los pronombres demostrativos son:

SINGULAR — *éste, ésta, esto, ése, ésa, eso, aquél, aquélla, aquello.*
PLURAL — *éstos, éstas, ésos, ésas, aquéllos, aquéllas*

Éste indica:	*Ése* indica:	*Aquél* indica:
muy cerca, aquí	cerca, ahí	lejos, allá, allí

> **¡OJO!** Los adjetivos demostrativos tienen la misma forma que los pronombres demostrativos, con la diferencia de que los pronombres llevan el acento ortográfico, mientras que los adjetivos no lo llevan.

Ejemplos:

Aquella sumadora y *esta* sumadora son nuevas. *Aquélla* y *ésta* son nuevas.

Observe que aquélla y ésta en la segunda oración llevan acento ortográfico. Los pronombres demostrativos también deben de concordar en género y número con el sujeto al que reemplazan.

III. LOS PRONOMBRES RELATIVOS

A. Los pronombres relativos *tienen la función de conectar dos frases* por medio de algo que tengan en común.

B. Los pronombres relativos son:

QUE, QUIEN, EL CUAL, LA CUAL, LAS CUALES, LOS CUALES, EL QUE, LA QUE, LAS QUE, LOS QUE, CUYO, CUYA, CUYOS, CUYAS, LO CUAL (sólo cosas), DONDE (sólo adverbios).

QUE es el pronombre que se usa con más frecuencia. Se refiere a personas o cosas. Después de la preposición *lo*, QUE siempre se refiere a cosas y no a personas.

Ejemplos:

La señorita *que* trajo las cartas es la empleada nueva.
La tinta con *que* imprimimos no es apropiada para estas gráficas.

El antecedente de los pronombres QUIEN y QUIENES siempre es un sustantivo. A veces no tienen antecedente. Algunas veces van precedidos de una preposición.

Ejemplos:

La secretaria *con quien* trabajo es muy inteligente. *Quien* es el pronombre relativo, *con* es la preposición que precede a *quien*, la secretaria es el antecedente.
Quien llegue primero al despacho, preparará el café. *Quien* en este caso no tiene antecedente.

Examples of indirect objects:

I gave **Jean** a flower.
The manager showed **us** the report.

Examples of the indirect object as the object of a preposition:

I bought the coffee for **Henry.**
Write a letter to **them.**

La preposición "a"

Los pronombres relativos EL CUAL, LA CUAL, LOS CUALES, LAS CUALES, y EL QUE, LA QUE, LOS QUE, LAS QUE se refieren a la cosa o persona, etc. de que antes se ha hablado, y sirven para unir la primera parte de la oración con lo que sigue.

Ejemplos:

Me dio un manual de contabilidad, *el cual* (el que) me fue muy útil.
Hay que pagar los impuestos, *los cuales* son muy elevados.

CUYO, CUYOS, CUYA, CUYAS concuerdan siempre en género y número con la persona o cosa que modifican. Además de ser relativos, también indican posesión.

Ejemplos:

El mecánico, *cuyas* manos estaban cubiertas de grasa, no pudo contestar el teléfono.
El capitán, *cuyo* barco se hundió, será procesado.

IV. LOS PRONOMBRES REFLEXIVOS

A. Los pronombres reflexivos *ocurren solamente cuando se usan los verbos reflexivos;* mas los verbos reflexivos siempre llevan pronombres reflexivos. Lavarse, peinarse, vestirse son verbos reflexivos. Se les llama reflexivos porque el sujeto de la oración recibe la acción del verbo. Por ejemplo, *yo me lavo. Yo,* el sujeto, recibe la acción del verbo *lavarse.*

Los pronombres reflexivos son:

SINGULAR — *me, te, se*
PLURAL — *nos, os, se*

Ejemplos:

Los clientes *se marcharon* sin decir adiós.
Yo no *me aburro* en esta oficina, pues el empleo es muy interesante.

B. El lugar que los pronombres reflexivos ocupan en la estructura de la oración varía de posición. *Generalmente van antes del verbo.*

Ejemplo:

La secretaria *se* lava las manos después de abrir la correspondencia.

EXCEPCIONES — El pronombre reflexivo va añadido al verbo en los casos siguientes:

1. Imperativo — Láve*se* Ud.
   Si el imperativo es negativo, el pronombre reflexivo siempre va antes del verbo — No *se* lave Ud.

2. Infinitivo — La secretaria quiere lavar*se* las manos.

3. Gerundio — La secretaria sigue lavándo*se*las.

V. LA PREPOSICIÓN "a"

La preposición "a" (en esta unidad le llamaremos la *a* personal) se usa *antes del complemento directo* de un verbo en los casos siguientes:

3. Object of a preposition

A noun or pronoun may be used as the object of a preposition:

> The invoice is for **me.**
> This letter was written by **the Personnel Director.**
> The money came from **Henry.**

c. Possessive Case

Personal pronouns in the possessive case fall into two groups:

1. Personal pronoun used as an adjective to denote ownership of the noun which it precedes.

Examples: **my** uncle   **our** water cooler
your telephone   **your** (pl.) erasers
his book   **their** money
her notebooks
its wheels

2. Personal pronoun used as a noun in the possessive case.

Examples: The ledger is **mine.**   The typewriter is **ours.**
The correspondence is **yours.**   The assignment is **yours.**
The desk lamp is **his.**   The file cabinet is **theirs.**
The thumb tacks are **hers.**

VOCABULARY

antecedent	— antecedente
direct object	— complemento directo
feminine	— femenino
first person	— primera persona
indirect object	— complemento indirecto
masculine	— masculino
nominative case	— los pronombres personales en función de sujeto de la oración
objective case	— los pronombres personales en función de complemento directo, complemento indirecto, complemento de la preposición
plural	— plural
possessive case	— los pronombres posesivos en función de adjetivos
pronoun	— pronombre
second person	— segunda persona
singular	— singular
third person	— tercera persona

A. Cuando el complemento directo es *una persona, o un grupo de personas.*

Ejemplos:

El vendedor visita *a* los clientes. (Los clientes es un grupo de personas, pero también son el complemento directo de la acción del verbo visitar).
El vendedor visita la fábrica. (La *a* no se usa en este caso porque fábrica no es persona).

B. Cuando el complemento directo es *un animal doméstico.*

Ejemplo:

El gerente quiere *a* su gato.

C. Se usa la *a* cuando el complemento directo es *un nombre geográfico* excepto cuando el nombre comienza con un artículo definido: *el, la, los las.*

Ejemplos:

Los socios de la compañía visitarán *a* México.
El representante de México visitará Los Mochis, Sinaloa.

D. Se usa la preposición *a* cuando el complemento directo es *un pronombre*, tal como *alguien, nadie, quien.*

Ejemplo:

El jefe no vio *a* nadie en la junta.

La preposición *a* personal no tiene equivalente en inglés.

VOCABULARIO

accionistas	— stockholders
archivar	— to file
complemento directo	— direct object
complemento indirecto	— indirect object
contabilidad	— accounting
deducciones	— deductions
despacho	— office
dictar	— to dictate
factura	— invoice
gerente	— manager
hasta pronto	— I'll see you soon.
impuestos	— taxes
interventor, auditor	— auditor
jefe	— boss
pronombre demostrativo	— demonstrative pronoun
pronombre personal	— personal pronoun
pronombre reflexivo	— reflexive pronoun
pronombre relativo	— relative pronoun
recepcionista	— receptionist
secretaria	— secretary
sucursales	— branches
tarjetero	— card case
ventas	— sales

ACTIVITIES

Activity I. TAPE. Listen to the tape as a review of personal pronouns and repeat when you are asked to do so.

Activity II. The personal pronouns in the following sentences are underscored. Write the antecedent of each pronoun in the space provided.

Example: The store held **its** annual sale in March. Answer **Store.**

1. The accountants talked about **their** university days. ....
2. Janet, in the beginning **you** may find the work hard. ....
3. Juan dropped the eraser, and **it** rolled under the desk where **he** could not reach **it**.

....

4. Marjorie and Sylvia left **their** purses in the office. ....
5. Everyone in the audience had tears in **his** eyes. ....
6. One of the desk lamps had a crack in **it**. ....
7. The box isn't pretty, but the paper around **it** is. ....
8. Everyone should take **his** seat. ....
9. Neither of them could find **his** book. ....

Activity III. Write the pronoun you find in each sentence. After each pronoun, write the noun it stands for.

Example: The employee punched his time card. Answer: His, employee.

1. The students were standing in front of their lockers. ....
2. John and Dolores said they were going to work. ....
3. Cathy, have you found your pencils? ....
4. Joe looked for his books but couldn't find them. ....
5. Mary dropped her purse and it spilled open. ....
6. Gary was holding Emily's books, but they slipped out of his hands. ....
7. Mrs. Garcia expressed her views to her boss. ....
8. The women enjoyed their political rally. ....
9. Maury brought his car to the office. ....
10. George asked that his name be omitted from the list. ....

Activity IV. Find the personal pronouns in the following sentences and underscore them. After each sentence, write nominative or objective and the use of the pronoun in the sentence (subject, direct object, indirect object, object of a preposition).

1. A letter came for him yesterday. ....
2. The counselor gave me some brochures to read. ....
3. They sold us the house. ....
4. Did Aunt Ellen get a good picture of us? ....
5. Randy couldn't hear me. ....
6. The bus was late but we waited for it. ....

ACTIVIDADES

Actividad   I. CINTA. Escuche la grabación y repita cuando se lo pidan.

Actividad   II. Dé el pronombre que corresponda a cada oración, *indique* qué clase de pronombre es el mismo.

Ejemplo:

   Nosotros trabajamos para la empresa Arizona, S. A. ....personal.............

1. ....soy taquígrafa..............................
2. Éste archivo y.......................(lejos)................................
3. Aquéllas cartas y...................(aquí)....................................
4. Aquéllos archivos y.........................(ahí)...............................
5. La señora a.......................saludamos, es la madre de la recepcionista.....................

Actividad III. Cambie las oraciones siguientes usando los pronombres como complemento directo, indirecto, o ambos.

Ejemplos:

   A. El cliente paga el dinero.
      El cliente *lo* paga. (complemento directo)

   B. El cliente paga el dinero al dependiente.
      El cliente *se lo* paga. (complemento indirecto *se*, complemento directo *lo*.)

1. El jefe lee el informe de ventas.

   ----

2. La recepcionista contesta el teléfono.

   ----

3. La señora Ramos devuelve los artículos que compró.

   ----

4. El auditor ha reconciliado las cuentas.

   ----

5. La empresa dio el informe anual a los accionistas.

GRABACIÓN

VG: *Libro I, Unidad 2, Actividad I.*

VG: Escuche y repita substituyendo con un pronombre personal el sujeto de la oración.

VG: Ud. escucha — Carmen trabaja de mecanógrafa.

TAPE SCRIPT

MV: Book I, Unit 2, Activity I.

We are now going to review the concept of personal pronouns. Remember personal pronouns are words that can be used in place of nouns. Personal pronouns may be in the first person — the person speaking. I, me, my, mine are all singular pronouns. We, us, our, ours are all plural pronouns. Repeat the first person singular pronouns after me.

I (PAUSE)   me (PAUSE)   my (PAUSE)   mine (PAUSE)

Now repeat the first person plural pronouns after me.

we (PAUSE)   us (PAUSE)   our (PAUSE)   ours (PAUSE)

Here are some **examples** of the way these pronouns are used in sentences.

Singular first person — I went to the store. The letter was addressed to me.

Plural first person — We went to the store. The letter was addressed to us.

Personal pronouns may also be in the second person — the person spoken to — and they may be singular or plural. Repeat these pronouns in the second person after me:

you (PAUSE)   your (PAUSE)   yours (PAUSE)

Listen to these **examples:**

The telephone call is for you. Your brother is ready to leave.

Personal pronouns may be in the third person — the person spoken about. Repeat these third person pronouns after me.

Singular — he (PAUSE)   she (PAUSE)   him (PAUSE)   her (PAUSE)   it (PAUSE)
his (PAUSE)   hers (PAUSE)   its (PAUSE)

Plural — they (PAUSE)   them (PAUSE)   their (PAUSE)   theirs (PAUSE)

Here are some simple sentences using pronouns in the third person:

Singular — The boys are looking for him.

Plural — The girls found them.

VG: Ud. dice — Ella trabaja de mecanógrafa.

VG: Ud. escucha — Ella trabaja de mecanógrafa.

VG: Empecemos . . .

1. Juan es contador.
2. Teresa y Carmen son secretarias.
3. Carlos y Roberto son administradores.
4. Rosa, Julio y yo somos archivadores.
5. Tú y Matilde son mecanógrafas.

VG: Escuche y repita substituyendo con un pronombre, primero como complemento directo, después como complemento indirecto, o ambos, al complemento de la oración.

VG: Ud. escucha — Carmen da la calculadora a Roberto.

VG: Ud. dice — Carmen le da la calculadora.

VG: Ud. escucha — Carmen le da la calculadora.

VG: Ud. dice — Carmen se la da.

VG: Ud. escucha — Carmen se la da.

VG: Empecemos . . .

1. María pasa los archivos a Juan.
2. Juan da la sumadora a Silvia.
3. Teresa abre la correspondencia.
4. Roberto lleva los libros.
5. El gerente prepara el informe para los clientes.

Ahora escuche el siguiente diálogo en el que Ricardo, Rosita e Isabel discuten la junta mensual de la empresa.

ROSITA   —Ricardo, ¿quiénes asistirán a la junta?

RICARDO   —Tú, ella, ellos y yo, todos nosotros debemos participar.

ISABEL   —¿Qué se discutirá?

RICARDO   —El nuevo folleto acerca de los cambios que la empresa ha hecho para incrementar el seguro de vida, la hospitalización, los salarios, etc. Es importante estar al tanto de este cambio, o aquél, o aquéllos que nos afecten en nuestro empleo.

ROSITA   —Tienes razón.

ISABEL   —¿Quién más estará presente?

RICARDO   —Los gerentes de todas las sucursales. La secretaria simpática con quien estuviste charlando el mes pasado. La jefa de publicidad cuyo informe resultó muy entretenido, y otro personal del que no tenemos cuenta por el momento.

ROSITA   —Para ti, para él, para mí, para todos nosotros esta junta será muy valiosa. Creo que nos aprovechará mucho estar presentes. Hay que hacer muchas preguntas.

ISABEL   —Oyendo tu entusiasmo y el de Ricardo me voy a casa a bañarme, vestirme y estaré aquí a las siete.

ROSITA   —Hasta pronto.

RICARDO   —Hasta luego. Al jefe le agradará mucho ver a todos los empleados en la junta.

UNIT 3

REGULAR VERBS, AGREEMENT OF SUBJECT AND VERB, PARTICIPLES, INFINITIVES

OBJECTIVES

1. The student will demonstrate the ability to recognize, define, and use regular verbs in English.

2. The student will demonstrate the ability to recognize, define, and use participles and infinitives.

I. REGULAR VERBS

Most errors in grammar come from the improper use of verbs, so be extremely careful when using them.

a. There are two types of verbs — **transitive** and **intransitive**. A transitive verb requires an object to complete its meaning; an intransitive verb does not require an object to complete its meaning.

    Transitive Verbs: The salesperson **handed** the change to the customer.
                     The office manager **accepted** the report.

    Intransitive Verbs: The office manager **agreed.**
                   The salesperson **smiled.**

LOS VERBOS REGULARES, MODO, CONCORDANCIA
ENTRE SUJETO Y VERBO, INFINITIVO, GERUNDIO

OBJETIVOS

1. Al terminar la unidad, el estudiante conocerá los verbos regulares en todos los tiempos.

2. El estudiante conocerá la importancia de la concordancia entre el sujeto y el verbo.

I. EL VERBO es la palabra que expresa la acción de la oración. Hay cinco clases de verbos.

   A. *El verbo activo o transitivo* lleva objeto directo para completar el sentido del verbo.

   > La cajera le dio *el cambio* al cliente.

   B. *El verbo neutro o intransitivo no* requiere de un objeto directo para completar el sentido de la oración.

   > El gerente salió a almorzar.

   C. *El verbo reflexivo o recíproco* se expresa con la forma plural de los pronombres reflexivos (*se, nos*). Para aclarar el sentido de la oración puede añadirse "uno a otro" o "el uno al otro".

   > Las sucursales *se* comunican (unas a otras) todos los días. *Nos* llamamos (los unos a los otros) para confirmar las compras y las ventas.

   D. *El verbo impersonal* se forma usando la tercera persona singular del verbo que no se refiere a nadie personalmente.

   > Hoy *llueve y nieva.*

   E. *El verbo auxiliar* sirve para conjugar los verbos en los tiempos compuestos.

   > Los productos de la IBM *se han vendido* por todo el mundo.

Al conjugar un verbo, éste cambia de *persona*, de *número* (singular y plural), de *tiempo* (presente, pasado, futuro, etcétera), y de *modo* (indicativo, imperativo o subjuntivo).

Persona	*Número:* *Singular*	*Plural*
Primera persona	Yo	Nosotros, -as
Segunda persona	Usted, Tú	Ustedes, Vosotros, -as
Tercera persona	Él, Ella	Ellos, Ellas

Verbs can be identified by voice, tense, and mood.

b. Voice — verbs are classified as being in either the **active** voice or the **passive** voice. In the active voice, the verb reflects the subject as doing the action. In the passive voice, the verb reflects the subject as being acted upon.

    Active Voice: The store **sold** its merchandise at a large profit.
    Passive Voice: The merchandise **was sold** at a large profit.

> **¡ojo!**   Usted es la forma respetuosa de tú; sin embargo se conjuga como la tercera persona del singular. Ustedes es la segunda persona del plural; mas se conjuga como la tercera persona del plural.

II. EL MODO INDICATIVO del verbo en una oración pregunta, afirma o niega un hecho.

A. *El tiempo presente*

Del infinitivo: cancelar — El cliente *cancela* el pedido.
            vender   — Los dependientes *venden* mucha mercancía en la promoción.
            discutir — Los Moreno *discuten* el presupuesto familiar.

Todos los infinitivos terminan en "*-ar, -er* o *-ir*". A la *raíz cancel-, vend-,* y *discut-* hay que agregar las terminaciones que determinan la persona, número, tiempo y modo **del verbo**. A este procedimiento se le llama "conjugar". Aquí se presenta la conjugación de tres verbos en el tiempo presente.

Conjugación: Persona	Primera (-ar)	Segunda (-er)	Tercera (-ir)
Yo	cancelo	vendo	discuto
Tú	cancelas	vendes	discutes
Usted	cancela	vende	discute
Él	cancela	vende	discute
Ella	cancela	vende	discute
Nosotros, -as	cancelamos	vendemos	discutimos
Vosotros, -as	canceláis	vendéis	discutís
Ustedes	cancelan	venden	discuten
Ellos, Ellas	cancelan	venden	discuten

B. *El tiempo pasado:* Aquí se presentan sólo dos tiempos del pasado.

1. El *pretérito perfecto simple* se refiere a la acción del verbo como hecho terminado o sucedido en otra época. Es el tiempo que se usa para narrar.

Del infinitivo: firmar   — El jefe *firmó* todas las cartas del día.
            deber   — El banco *debió* mandar la cuenta mensual el día primero del mes.
            cumplir — Los empleados *cumplieron* con su deber.

En seguida se presenta la conjugación de tres verbos en el tiempo pretérito perfecto simple.

Conjugación: Persona	Primera (-ar)	Segunda (-er)	Tercera (-ir)
Yo	firmé	debí	cumplí
Tú	firmaste	debiste	cumpliste
Usted	firmó	debió	cumplió
Él	firmó	debió	cumplió
Ella	firmó	debió	cumplió
Nosotros, -as	firmamos	debimos	cumplimos
Vosotros, -as	firmasteis	debisteis	cumplisteis
Ustedes	firmaron	debieron	cumplieron
Ellos, Ellas	firmaron	debieron	cumplieron

c. Tense — verbs as action words also indicate the time the action takes place. This is called the tense of the verb. There are three tenses of a verb: **present tense, past tense,** and **future tense.**

Present Tense — Describes action taking place at the present time.

Example: We **ship** merchandise daily to Mexico City.

Past Tense — Describes action that has taken place in the past. To form the past tense of regular verbs, "ed" is added to the present tense.

Example: We **shipped** merchandise to Savannah and Miami last month.

Future Tense — Describes action that will take place at a future time. "Will" or "shall" are used with the present tense to form the future tense. "Will" is used with second person (**you** will) and third person (**he** will, **they** will). "Shall" is commonly used with first person (**I** shall, **we** shall) although "**I** will" is becoming accepted for business usage.

Examples: We **shall ship** the new merchandise to Caracas in January.

The manager will be interested in the quantity shipped.

NOTE: When showing determination or emphasis, the use of "will" and "shall" is reversed with first, second and third persons.

    Examples: They **shall** get the merchandise shipped on time! (Determination)

                 I **will** have it typed by noon! (Emphasis)

2. *El pretérito imperfecto* que se refiere a la acción del verbo no terminada, a la acción recurrente o habitual, a la acción prolongada en el pasado. Es el tiempo que describe el pasado.

Del infinitivo: ahorrar   — *Cada mes* yo *ahorraba* un porcentaje del sueldo.
　　　　　　　　prometer   — Él *prometía* hacer un pago con *frecuencia*.
　　　　　　　　reunir (se) — La mesa directiva se *reunía cada mes*.

En seguida se conjugan tres verbos en el tiempo pretérito imperfecto.

Conjugación:	Primera	Segunda	Tercera
Persona	(-ar)	(-er)	(-ir)
Yo	ahorraba	prometía	reunía
Tú	ahorrabas	prometías	reunías
Usted	ahorraba	prometía	reunía
Él	ahorraba	prometía	reunía
Ella	ahorraba	prometía	reunía
Nosotros, (-as)	ahorrábamos	prometíamos	reuníamos
Vosotros, (-as)	ahorrabais	prometíais	reuníais
Ustedes	ahorraban	prometían	reunían
Ellos, Ellas	ahorraban	prometían	reunían

C. *El tiempo futuro* se emplea para expresar acciones que van a ocurrir con toda certeza, y también para expresar probabilidad o conjetura.

Del infinitivo: regresar — El jefe *regresará* a las tres.
　　　　　　　　meter   — La secretaria *meterá* anuncios en todas las cartas.
　　　　　　　　escribir — Él *escribirá* los mensajes.

!ojo!　(Probabilidad) llamar — ¿*Llamará* para confirmar el asunto?
　　　　　　　　　　　　asistir — ¿*Asistirá* a la sesión del viernes?

En seguida se conjugan tres verbos en el tiempo futuro. Ninguno de ellos pierde su forma original del infinitivo, lo cual permite que solamente se les añada la terminación propia del futuro.

Conjugación:	Primera	Segunda	Tercera
Persona	(-ar)	(-er)	(-ir)
Yo	regresaré	meteré	escribiré
Tú	regresarás	meterás	escribirás
Usted	regresará	meterá	escribirá
Él	regresará	meterá	escribirá
Ella	regresará	meterá	escribirá
Nosotros, (-as)	regresaremos	meteremos	escribiremos
Vosotros, (-as)	regresaréis	meteréis	escribiréis
Ustedes	regresarán	meterán	escribirán
Ellos, Ellas	regresarán	meterán	escribirán

d. **Mood** — verbs are classified by mood according to the way the action is being expressed. There are three moods: indicative mood, imperative mood, and subjunctive mood.

Indicative mood — makes a statement or asks a question.

Examples: The shipment arrived on time.
When will the merchandise be shipped?

Imperative mood — gives a command or makes a request.

Examples: Ship it at once!
Cancel the order.

Subjunctive mood — expresses a doubt or a condition contrary to fact.

Examples: If she were efficient, she would be up to date with her work. (present tense)
If the merchandise had been shipped promptly, we would have it on sale by now.
(past tense)

D. *El tiempo condicional* expresa acciones que implican una condición para que se realicen. La probabilidad o conjetura en el pasado se expresa con el condicional.

Del infinitivo: anotar — Yo *anotaría* la cifra pero no la sé.

meter — Nosotros *meteríamos* el folio en el archivo pero está extraviado.

repetir — Ella *repetiría* la información, pero es confidencial.

¡ojo!   (Probabilidad) llamar — ¿*Llamaría* para confirmar el precio?

repetir — ¿*Repetiría* el número de las placas que se aprendió de memoria?

En seguida se conjugan tres verbos en el tiempo condicional.

Conjugación:	Primera	Segunda	Tercera
Persona	(-ar)	(-er)	(-ir)
Yo	anotaría	metería	repetiría
Tú	anotarías	meterías	repetirías
Usted	anotaría	metería	repetiría
Él	anotaría	metería	repetiría
Ella	anotaría	metería	repetiría
Nosotros, (-as)	anotaríamos	meteríamos	repetiríamos
Vosotros, (-as)	anotaríais	meteríais	repetiríais
Ustedes	anotarían	meterían	repetirían
Ellos, Ellas	anotarían	meterían	repetirían

E. *Los tiempos progresivos compuestos*

1. *El presente del progresivo* se usa para expresar una acción que ocurre en determinado momento. Se forma así:

Verbo auxiliar — presente	+	Gerundio	
Estar — está		(-ar)	(-er e -ir)
		-ando	-iendo, -yendo

Del infinitivo:

estar-dictar — El jefe me *está dictando* una carta urgente.

estar-escribir — La secretaria *está escribiendo* a máquina el documento de la hipoteca.

estar-meter — ¿Qué *está metiendo* en la gaveta del archivo?

2. *El pasado del progresivo* se usa para expresar una acción que ocurría en determinado momento.

Verbo auxiliar — imperfecto	+	Gerundio
Estar — estaba		-ando
		-iendo, -yendo

Del infinitivo:

estar-dictar — El jefe me *estaba dictando* una carta urgente.

estar-escribir — La secretaria *estaba escribiendo* a máquina el documento del préstamo.

estar-meter — ¿Qué *estaba metiendo* en la gaveta del archivo?

II. AGREEMENT OF SUBJECT AND VERB

a. In order to have a complete sentence, you must have both a subject and a verb. The verb must agree in number and person with the subject of the sentence. If the subject is third person, plural, for instance, then the verb must also be third person, plural.

> **Examples:** The employees **receive** a vacation each year. (3rd person, plural)
> You **receive** a vacation each year. (2nd person, singular or plural)
> She **receives** ten days' vacation this year. (3rd person, singular)

> NOTE: The pronoun "you" takes a plural verb in both the singular and plural.

b. The verb for third person, singular, usually ends in an "s."

> **Examples:** Our bookkeeper receives a vacation annually. (3rd person, singular)
> She has a good job. (3rd person, singular)

¡Ojo! 3. El futuro y el condicional del progresivo se usan para expresar una acción que estará o estaría ocurriendo, respectivamente.

Conjugación del tiempo progresivo compuesto:

Persona	Presente	ó	Pasado	ó	Futuro	ó	Condicional	+	Participio (Gerundio)
Yo	estoy		estaba		estaré		estaría		ahorrando
Tú	estás		estabas		estarás		estarías		escribiendo
Usted	está		estaba		estará		estaría		metiendo
Él	está		estaba		estará		estaría		dictado
Ella	está		estaba		estará		estaría		vendiendo
Nosotros, (-as)	estamos		estábamos		estaremos		estaríamos		cumpliendo
Vosotros, (-as)	estáis		estabais		estaréis		estaríais		debiendo
Ustedes	están		estaban		estarán		estarían		firmando
Ellos, Ellas	están		estaban		estarán		estarían		anotando

F. *Los tiempos perfectos*

1. *El presente del perfecto (pasado indefinido)* expresa una acción o hecho pasado sin hacer referencia a ninguna época en particular, sólo da una alusión al tiempo presente.

Verbo auxiliar — presente   +   Participio — pasado
Haber — ha, han   (-ar)   (-er, -ir)
                                                              -do   -ido

Del infinitivo:
haber-explicar — El jefe ya *ha explicado* los detalles del empleo.
haber-meter — *Han metido* el documento en su escritorio.
haber-exigir — La gerente nueva *ha exigido* más puntualidad.

2. *El pluscuamperfecto* es el tiempo que expresa que una cosa estaba ya hecha o podía haberlo estado cuando otra se hizo.

Verbo auxiliar — imperfecto   +   Participio — pasado
Haber — había, habían   (-ar)   (-er, -ir)
                                                              -ado   -ido

Del infinitivo:
haber-explicar — El jefe ya *había explicado* los detalles del empleo cuando yo entré.
haber-meter — *Habían metido* el documento en su escritorio cuando salieron.
haber-exigir — La gerente nueva *había exigido* más puntualidad.

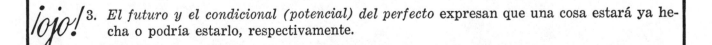

¡Ojo! 3. *El futuro y el condicional (potencial) del perfecto* expresan que una cosa estará ya hecha o podría estarlo, respectivamente.

c. The verb "to be" has both singular and plural forms in the present and past tense.

	Present		Past	
	Singular	**Plural**	**Singular**	**Plural**
1st person	(I) am	(we) are	(I) was	(we) were
2nd person	(you) are	(you) are	(you) were	(you) were
3rd person	(he, she, it) is	(they) are	(he, she, it) was	(they) were

Examples: I am pleased to have my vacation in July. (1st person, singular, present)

They were able to fly to San Juan for their vacation this year. (3rd person, plural, past)

BEWARE!	**Say This**	**Not This**
	Were you there?	Was you there?
	You are right.	You is right.

Conjugación de los tiempos compuestos del perfecto.

Persona	Presente ó	Pasado ó	Futuro ó	Condicional +	Participio
Yo	he	había	habré	habría	ahorrado
Tú	has	habías	habrás	habrías	metido
Usted	ha	había	habrá	habría	dictado
Él, Ella	ha	había	habrá	habría	vendido
Nosotros, (-as)	hemos	habíamos	habremos	habríamos	debido
Vosotros, (-as)	habéis	habíais	habréis	habríais	firmado
Ustedes	han	habían	habrán	habrían	anotado
Ellos, Ellas	han	habían	habrán	habrían	cancelado

III. *EL MODO SUBJUNTIVO* del verbo indica que una acción se concibe como subordinada a otra, y por consiguiente conlleva la idea de duda, incertidumbre.

A. *El tiempo presente*

Del infinitivo: cancelar — ¡*Ojalá que* el cliente no *cancele* el pedido!

vender — El gerente *espera* que los dependientes *vendan* mucha mercancía en la promoción.

discutir — *Es necesario* que los Moreno *discutan* el presupuesto familiar.

Conjugación: Persona	Primera (-ar)	Segunda (-er)	Tercera (-ir)
Yo	cancele	venda	discuta
Tú	canceles	vendas	discutas
Usted	cancele	venda	discuta
Él, Ella	cancele	venda	discuta
Nosotros, -as	cancelemos	vendamos	discutamos
Vosotros, -as	canceléis	vendáis	discutáis
Ustedes	cancelen	vendan	discutan
Ellos, Ellas	cancelen	vendan	discutan

B. *El tiempo pasado*

Del infinitivo: cancelar — ¡*Ojalá que* el cliente no *cancelara* su cuenta!

vender — El gerente *esperaba* que los dependientes *vendieran* mucha mercancía en la promoción.

discutir — *Era necesario* que los Moreno *discutieran* el presupuesto familiar.

Conjugación: Persona	Primera (-ar)	Segunda (-er)	Tercera (-ir)
Yo	cancelara, cancelase	vendiera, vendiese	discutiera, discutiese
Tú	cancelaras	vendieras	discutieras
Usted	cancelara	vendiera	discutiera
Él, Ella	cancelara	vendiera	discutiera
Nosotros, -as	canceláramos	vendiéramos	discutiéramos
Vosotros, -as	cancelarais	vendierais	discutierais
Ustedes	cancelaran	vendieran	discutieran
Ellos, Ellas	cancelaran	vendieran	discutieran

d. Some subjects are compound; that is, contain more than one subject such as **letter and envelope** or **Mr. Johnson and Ms.* Wilhite.** A compound subject will take a plural verb unless the subjects are one and the same entity.

> Examples: Mr. Johnson and Ms. Wilhite **plan** on vacationing in Florida this year. (two people)
> My boss, and good friend, **suggests** that I go to Las Vegas on my vacation. (one person)

If the subjects are both singular and plural (the boss and the employees), then the verb must agree with the plural word. Do not be confused by words intervening between the subject and the verb — the verb must agree with the subject.

> Examples: The boss and the employees are (not **is**) hard at work.
> A rotation schedule, rather than employee requests, determines (not **determine**) when the employees take their vacations.

If a compound subject is connected by "or" or "nor," the verb agrees with the subject which follows the **or** or **nor**.

> Examples: Either James Jacobs or William Spencer **is** due for a vacation.
> Neither the company nor the employees **want** a strike over fringe benefits.

III. PARTICIPLES

a. Participles are a form of the verb used as an adjective and sometimes as a noun. To make a verb into a present participle, you add "ing."

> Participle used as a Noun: **Filing** is a repetitious job; **dictating** is time consuming.
> Participle used as an Adjective: The girl **filing** the material was very quick.

b. Present Participles are used to represent action at the present time.
It not only has an "ing" form of the verb, but has a form of "be" also.

> Examples: He **is writing** a report.
> We **are investigating** this case.

Past Participles are formed by adding "ed" or "d" to verbs. They are used as adjectives and represent action of a past time.

> Examples: The document **filed** by the clerk was lost.
> The letter **dictated** by the manager was transcribed immediately.

Some past participles consist of a participle with the forms "having" or "having been."

> Examples: **Having transcribed** the letter, the secretary dropped it in the mail.
> **Having been filed** incorrectly, the document was difficult to locate.

---

*Ms. is used when one does not want to use Mrs. or Miss.

C. *Los tiempos compuestos* se forman así:

Conjugación: Persona	Pretérito perfecto	Pretérito pluscuamperfecto	Participio
Yo	haya	hubiera (hubiese)	ahorrado
Tú	hayas	hubieras	metido
Usted	haya	hubiera	dictado
Él, Ella	haya	hubiera	vendido
Nosotros, (-as)	hayamos	hubiéramos	debido
Vosotros, (-as)	hayáis	hubierais	firmado
Ustedes	hayan	hubieran	anotado
Ellos, Ellas	hayan	hubieran	cancelado

¡ojo! Se ha omitido la conjugación del tiempo futuro del subjuntivo.

IV. *EL MODO IMPERATIVO* del verbo expresa mandato u orden, exhortación o súplica a una o más personas. La forma afirmativa y negativa de usted (Vd./Ud.), ustedes (Vds./Uds.) y nosotros no cambia. Sí cambia la forma tú y vosotros.

Del infinitivo: firmar — *Firme* Ud. aquí. *No firme* Ud. aquí.

vender — *Vendan* Uds. al por mayor. *No vendan* al por menor.

discutir — *Discutamos* el presupuesto. *No lo discutamos* ahora.

El imperativo o mandato directo en su forma afirmativa y negativa				
Del infinitivo: llam*ar*, vend*er*, discut*ir*				
Ud.	Uds.	Nosotros	Tú	Vosotros
llame	llamen	llamemos	llama	llamad
no llame	no llamen	no llamemos	no llames	no llaméis
venda	vendan	vendamos	vende	vended
no venda	no vendan	no vendamos	no vendas	no vendáis
discuta	discutan	discutamos	discute	discutid
no discuta	no discutan	no discutamos	no discutas	no discutáis

IV. INFINITIVES

a. Infinitives are verbs preceded by the word "to."

Examples:	to type	to record	to assist
	to mail	to plan	to hire

b. Infinitive phrases (to + the verb) can be used as subjects, objects, adjectives, and adverbs.

Examples: **To type** requires some skill. (Subject)
I want **to assist.** (Object)
The need **to plan** is essential for saving time in the office. (Adjective)
I hoped **to remain** with your firm. (Adverb)

VOCABULARY

cancel	—	cancelar
customer	—	cliente
determination	—	determinación, empeño
dictated	—	dictado
efficiently	—	eficazmente, eficientemente
emphasis	—	énfasis
essential	—	esencial
fringe benefits	—	beneficios marginales
		ó prestaciones
intervene	—	intervenir
manager	—	gerente
merchandise	—	mercancía
quantity	—	cantidad
repetitious	—	constante
rotation	—	horas de turno
strike	—	huelga
transcribed	—	transcrito
vacation	—	vacaciones

ACTIVITIES

Activity I. TAPE. Listen to the tape as a review of regular verbs and repeat when you are asked to do so.

Activity II. Rewrite the following sentences, substituting the word in parentheses at the end of the sentence for the underlined word. Each sentence should be written in the present tense, the past tense, and the future tense.

Examples: I type fast. (He) Present: **He types fast.**
Past: **He typed fast.**
Future: **He will type fast.**

VOCABULARIO

agregar	— to add	mensaje	— message
ahorrar	— to save	mensual	— monthly
almorzar	— to have lunch	mes	— month
anuncio, publicidad	— advertisement	modo	— mood (gram.)
asunto	— business matter	mundo	— world
cada	— each	nadie	— nobody
cajera	— cashier	narrar	— to narrate
él cambia	— he changes	negar (niega)	— to deny
cancelar	— to cancel	nieva	— it snows
certeza	— certainty	pago	— payment
compuestos	— compound	pedido	— order, shipment
compras	— purchases	presupuesto	— budget
conjugar	— to conjugate	procedimiento	— process
conjetura	— conjecture	prometer	— to promise
cumplir	— to fulfill	promoción, en venta	— sale, on sale
cuenta	— account	raíz	— root
deber	— ought, should, must, have to	recurrente	— recurrent, repetitious
		requiere	— it requires, it needs
dependiente	— sales clerk	repetir	— to repeat
discutir	— to discuss, argue	reunirse	— to meet, gather
directiva	— governing board	sentido	— meaning
época	— time, era, age	sucedido, suceso	— event, happening
firmar	— to sign	sucursales	— branch offices
gerente	— manager	terminación	— ending, completion
hecho	— fact, act	vender	— to sell
iguales	— same	ventas	— sales
llueve	— it rains		

ACTIVIDADES

Actividad **I. CINTA.** Escuche la grabación y repita cuando se lo pidan. (Vea pág. 49)

Actividad **II.** Complete las siguientes oraciones según las indicaciones.

Modelo: (Indicativo, presente — contestar) La recepcionista ....contesta........ el teléfono en seguida.

1. (Indicativo, pretérito — trabajar) Los empleados .... ocho horas diarias.
2. (Indicativo, futuro — ayudar) El gerente .... de vez en cuando.
3. (Indicativo, pretérito imperfecto — asistir a) La directora ....la conferencia mensual de la mesa directiva.
4. (Indicativo, condicional — vender) El dependiente .... más si mejorara su trato con los clientes.

1. **We** work rapidly. (I) _____
2. **She** helps occasionally. (You) _____
3. **Mr. Jackson** assists frequently. (She) _____
4. **I** vacation annually. (They) _____
5. **You** suggest constantly. (Maurice) _____
6. **They** plan infrequently. (We) _____
7. **He** files daily. (I) _____
8. **We** talk rarely. (You) _____
9. **He** runs nightly. (It) _____
10. **I** understand completely. (You) _____

Activity III. Complete the following sentences with "will" or "shall."

1. The receptionist _____ answer the telephone correctly.
2. I _____ identify the company when I answer the phone.
3. My boss _____ not answer calls from unidentified people.
4. In our office, we _____ not give out confidential information.
5. If a telephone message is not taken accurately, you _____ not be able to return the call.
6. If your employer is out of the office, say to the caller, "He _____ be in tomorrow morning."
7. Our company motto is: "We _____ do a good job for you!"
8. Since the job is urgent, they _____ get it done!
9. If you _____ give me your name and phone number, I _____ ask Ms. Cohen to call you.
10. In the future, we _____ have another person handle the switchboard.

Activity IV. Translation. Translate the following sentences.

1. Yo trabajé ocho horas hoy.

    _____

2. ¿Se trasladará Ud. a Bogotá, Colombia?

    _____

3. Yo pienso asistir a la sesión.

    _____

4. Él me ha aconsejado sobre el problema con frecuencia.

    _____

5. Nosotros estamos recibiendo la mercancía puntualmente.

    _____

6. Usted omitió el título del informe.

    _____

7. Si ella hubiera estado presente, se habría evitado el error.

    _____

8. La compañía estaba empleando a veinticinco trabajadores.

    _____

9. Procederé de acuerdo a su sugerencia.

    _____

10. Mande de inmediato el pedido, por favor.

    _____

5. (Indicativo, pretérito perfecto compuesto — prometer) La señora de Aguilera ....
    ....mandar el pago del mes pasado.

Actividad III. — Traducción. Traduzca las siguientes oraciones:

1. I worked eight hours today.

    ----

2. Will you transfer to Bogota, Colombia?

    ----

3. I plan to be present at the meeting.

    ----

4. He has advised me on the problem frequently.

    ----

5. We are receiving the goods promptly.

    ----

6. You had omitted the title of the report.

    ----

7. If she had been present, the error would have been avoided.

    ----

8. The company would hire twenty-five new workers if necessary.

    ----

9. I shall go ahead with your suggestion.

    ----

10. Please send the orden special delivery.

Actividad IV. Substituya la palabra en cursiva por la que aparece entre paréntesis. Después escriba cada una de las oraciones en el presente, pretérito perfecto simple y futuro de indicativo.

Modelo: *Yo* paso a máquina la carta de solicitud. (Él)

Presente — *Él pasa* a máquina la carta de solicitud.
Pasado   — *Él pasó* a máquina la carta de solicitud.
Futuro   — *Él pasará* a máquina la carta de solicitud.

1. *La empresa* solicita empleados bilingües (empresas) ---------------------------------------

    ----

2. *Recibimos* su grata del mes de mayo (Yo) --

    ----

3. *Mi jefe* promete escribir más claramente. (Mis jefes) -------------------------------------

    ----

4. *Los saldos* se cumplen a fines del mes (Saldo) --

    ----

5. *Usted* revisa el correo. (El secretario) ---

TAPE SCRIPT

MV: Book I, Unit 3, Activity I.

Listen carefully to the present tense in the following sentences and repeat each one after me.

1. A telephone directory is a good reference book.   (PAUSE)
2. He is a competent switchboard operator.   (PAUSE)
3. They are pleased to have him working for their company.   (PAUSE)
4. It is a good idea to use direct dialing for long distance telephone calls.   (PAUSE)
5. When it is 6 o'clock standard time in New York, it is 3 o'clock in San Francisco.   (PAUSE)

MV: Now change the verbs in the following sentences from present tense to past tense. I say: The customer cancels the order. You say: The customer canceled the order.

1. I enjoy working with people.   (PAUSE) I enjoyed working with people.
2. The receptionist maintains a file of callers.   (PAUSE)   The receptionist maintained a file of callers.
3. You are expected to escort the visitor to the boss's office.   (PAUSE)   You were expected to escort the visitor to the boss's office.
4. How you speak over the phone is important.   (PAUSE)   How you spoke over the phone is important.
5. I am calling another party on extension 347.   (PAUSE)   I was calling another party on extension 347.

MV: Now change the present tense in the following sentences to a participle. I say: He writes the report. You say: He is writing the report.

1. The receptionist transfers the telephone call.   (PAUSE)   The receptionist is transferring the telephone call.
2. Automatic equipment handles much routine work in offices today.   (PAUSE)   Automatic equipment is handling much routine work in offices today.
3. Five file cabinets store all our outdated correspondence. (PAUSE) Five file cabinets are storing all our outdated correspondence.
4. Several kinds of telephone equipment provide us with excellent service. (PAUSE) Several kinds of telephone equipment are providing us with excellent service.
5. The company charges the customer for the cost of shipment. (PAUSE) The company is charging the customer for the cost of shipment.

MV: Repeat the following sentences after me. Listen carefully for the infinitives.

1. I planned to assist you with your extra work. (PAUSE)
2. To telephone in the evening hours is less costly. (PAUSE)
3. Is there anyone in the office after 5 o'clock to answer the phone? (PAUSE)
4. I want to determine the amount of time the telephone call took. (PAUSE)
5. You want to pronounce all words clearly over the telephone. (PAUSE)

GRABACIÓN

VG: *Libro I, Unidad 3, Actividad I*

VG: Escuche y repita las siguientes oraciones en el tiempo presente de indicativo.

1. Acabamos de recibir su atenta carta.
2. Necesitan invertir cincuenta mil dólares ($50,000.00).
3. Me permito manifestarle que existe una plaza.
4. El costo de servicios telefónicos depende del número de instalaciones.
5. Los archivos guardan toda la correspondencia.

VG: Escuche y repita transformando al pretérito imperfecto de indicativo el tiempo del verbo.

VG: Ud. escucha: Él está escribiendo el informe. (pausa)
VG: Ud. dice: Él estaba escribiendo el informe.
VG: Ud. escucha: Él estaba escribiendo el informe.
VG: Empecemos . . .

1. La secretaria está pasando a máquina unos anuncios.
2. Su jefe le está dictando unos datos importantes.
3. El teléfono está sonando.
4. Los directores están discutiendo asuntos urgentes.
5. Yo estoy marcando ese número ahora.

VG: Ahora escuche y repita transformando al pretérito pluscuamperfecto de indicativo el tiempo del verbo.

VG: Ud. escucha: Él ha llamado a otra sucursal. (pausa)
VG: Ud. dice: Él había llamado a otra sucursal.
VG: Ud. escucha: Él había llamado a otra sucursal.
Empecemos . . .

1. ¿Qué ha metido en la gaveta del archivo?
2. Ella los ha archivado.
3. El teléfono ha sonado.
4. Los directores han discutido los asuntos.
5. Yo he marcado ese número ya.

VG: Escuche y repita. Cambie el modo infinitivo por la segunda persona del singular del mandato directo. (Use la forma cortés)

VG: Ud. escucha: Favor de pasar a mi oficina. (pausa)
VG: Ud. dice: Pase Ud. a mi oficina, por favor.
VG: Ud. escucha: Pase Ud. a mi oficina, por favor.

1. Favor de contestar esta carta.
2. Favor de llamar a la gerencia.
3. Favor de escribir los recados a máquina.
4. Favor de cumplir con este pedido.
5. Favor de vender la mercancía a buen precio.

IRREGULAR VERBS

OBJECTIVE

The student will demonstrate the ability to define, recognize, and use irregular English verbs.

LOS VERBOS IRREGULARES

OBJETIVOS

1. Al terminar la Unidad Número Cuatro, el estudiante podrá distinguir las peculiaridades de la ortografía de los verbos irregulares.
2. Al mismo tiempo, el estudiante comprenderá la importancia de la concordancia entre el sujeto y el verbo.

I. CONCEPTOS GENERALES

Los verbos de alteración radical (cambios de raíz) generalmente se dividen en tres categorías:

A. A la *primera categoría* pertenecen los verbos terminados en AR y ER. La raíz de estos verbos cambia de E a IE y de O a UE en el presente de indicativo, excepto en la primera y segunda persona del plural.

Ejemplos:

PENSAR — yo pienso, tú piensas, él, ella, Ud. piensa, nosotros pensamos, vosotros pensáis, ellos, ellas, Uds. piensan.

APOSTAR — yo apuesto, tú apuestas, él, ella, Ud. apuesta, nosotros apostamos, vosotros apostáis, ellos, ellas, Uds. apuestan.

Estos verbos tienen las alteraciones radicales en los siguientes tiempos: presente de indicativo, presente de subjuntivo y en el imperativo.

Ejemplos:

Ud. confiesa el error en las ventas — Presente de indicativo.
Yo deseo que Ud. confiese el error en las ventas — Presente de subjuntivo.
Confiese Ud. el error en las ventas — Imperativo.

B. Los verbos de la *segunda categoría* son los terminados en *IR*. Éstos mudan la *E* a *IE*, y la *O* a *UE* en el tiempo presente de indicativo, excepto en la primera y segunda persona del plural.

CONSENTIR	DORMIR	Ejemplos
consiento	duermo	La gerente general consiente en el aumento
consientes	duermes	de salarios.
consiente	duerme	
consentimos	dormimos	Los banqueros no duermen la siesta.
consentís	dormís	
consienten	duermen	

I. GENERAL CONCEPTS

Verbs that form their second and third principal parts in a regular way by adding **d** or **ed** to the simple form are called **regular verbs.** Verbs that do not follow this pattern are called **irregular verbs.** There are approximately seventy irregular verbs that are used often.

A few irregular verbs do not change at all from one principal part to another. They offer no problem in usage: **hit   let   sit   shut**

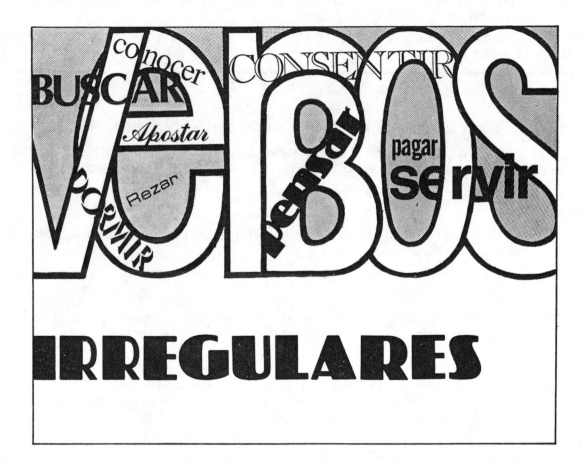

En el tiempo pretérito de indicativo estos verbos mudan la *E* a *I* y la *O* a *U* en la tercera persona del singular y del plural:

CONSENTIR	DORMIR	Ejemplos
consentí	dormí	La secretaria consintió en trabajar
consentiste	dormiste	hasta las seis.
consintió	durmió	
consentimos	dormimos	El jefe durmió hasta las seis.
consentisteis	dormisteis	
consintieron	durmieron	

En el presente de subjuntivo la *E* se muda a *IE* y la *O* a *UE* en la primera, segunda y tercera persona del singular y la tercera persona del plural. La *E* se muda a *I* y la *O* a *U* en la primera y segunda persona del plural.

CONSENTIR	DORMIR	Ejemplos
consienta	duerma	Dudo que la secretaria consienta
consientas	duermas	en trabajar hasta las seis.
consienta	duerma	
consintamos	durmamos	Espero que el jefe no duerma
consintais	durmais	más allá de la seis.
consientan	duerman	

En el imperfecto de subjuntivo la *E* se muda a *I*, y la *O* se muda a *U*.

CONSENTIR	DORMIR	Ejemplos
consintiera (se)	durmiera	Dudé que la secretaria consintiera
consintieras	durmieras	en trabajar hasta las seis.
consintiera	durmiera	
consintiéramos	durmiéramos	Esperaba que el jefe no durmiera
consintierais	durmierais	hasta las seis.
consintieran	durmieran	

En el presente de participio la *E* se muda a *I*, y la *O* a *U*: consintiendo — durmiendo.

En el modo imperativo la *E* se muda a *IE* en la segunda y tercera persona del singular y en la tercera persona del plural. La *E* se muda a *I* en la primera personal del plural.

CONSENTIR		Ejemplo
consiente	consintamos	Consintamos en los estatutos que regirán en
consienta	consentid	nuestra oficina.
	consientan	

¡ojo! Obsérvese que la conjugación del modo imperativo es idéntica a la del presente del subjuntivo, con la excepción de la segunda persona del singular y del plural.

C. Verbos de alteración radical de la *tercera categoría*. Todos terminan en *IR*.

En el tiempo presente de indicativo estos verbos mudan la *E* a *I* en la primera, segunda y tercera persona del singular, y en la tercera persona del plural.

SERVIR		Ejemplos
sirvo	servimos	Yo sirvo los refrescos a los clientes.
sirves	servís	Rosita y yo servimos los refrescos a los
sirve	sirven	clientes.

Other irregular verbs form the past tense and past participle in various ways, frequently by changing to a different word as in the following examples:

Present	Past	Past Participle
am, are, is	was, were	been
begin, begins	began	begun
do, does	did	done
go, goes	went	gone
write, writes	wrote	written

En el pretérito perfecto simple de indicativo estos verbos mudan la *E* a *I* en la tercera persona del singular y en la tercera persona del plural.

SERVIR ·

servi	servimos
serviste	servisteis
sirvió	sirvieron

Ejemplos

La secretaria sirvió el café al jefe.

Ellos sirvieron el café en la junta anual.

En el presente de participio también mudan la *E* a *I* — sirviendo.

En el presente de subjuntivo la *E* se muda a *I* en toda la conjugación. Lo mismo ocurre en el imperfecto de subjuntivo.

PRESENTE Y PRETÉRITO IMPERFECTO DE SUBJUNTIVO

SERVIR	SERVIR
sirva	sirviera (se)
sirvas	sirvieras
sirva	sirviera
sirvamos	sirviéramos
sirváis	sirvierais
sirvan	sirvieran

Ejemplos

Los clientes desean que el gerente les sirva los refrescos.

Los clientes deseaban que el gerente les sirviera los refrescos.

> VEA LAS PÁGINAS 61-63 que contienen una lista de verbos de cambio radical.

II. VERBOS IRREGULARES CON CAMBIOS ORTOGRÁFICOS

A. A los verbos que terminan en *CER* se les añade la *Z* ante *o* y *a* para retener el sonido de la consonante de la raíz. De otra manera el sonido de la *C* se mudaría al de la *K*, como ocurre con los verbos canecer, conocer, etc.: canezco, conozco. Observe que esta regla no aplica al verbo vencer.

CONOCER

conozco	conocemos
conoces	conocéis
conoce	conocen

Ejemplo

Confío en que la secretaria conozca los requisitos del oficio.

B. En los verbos que terminan en *CAR, GAR, ZAR* la *C* se muda a *QU;* la *G* se muda a *GU;* la *Z* se muda a *C*. La alteración ocurre para retener el sonido de la *K*, como en busqué, de otra manera la *C* cambiaría de sonido a *S*. Lo mismo ocurre en pagué. *Gue* da un sonido suave a la *G*, sin la *U* la *G* tendría el sonido de la *J*. Los verbos que terminan en *ZAR* cambian la *Z* a *C* cuando esta letra precede a la *E*.

En el pretérito perfecto simple de indicativo la alteración ocurre en la primera persona.

BUSCAR		PAGAR		REZAR	
busqué	buscamos	pagué	pagamos	recé	rezamos
buscaste	buscasteis	pagaste	pagasteis	rezaste	rezasteis
buscó	buscaron	pagó	pagaron	rezó	rezaron

En el presente de subjuntivo la alteración ocurre en todas las personas.

BUSCAR		PAGAR		REZAR	
busque	busquemos	pague	paguemos	rece	recemos
busques	busquéis	pagues	paguéis	reces	recéis
busque	busquen	pague	paguen	rece	recen

If you are ever in doubt or not sure about a verb form, look it up in a dictionary. If the verb is regular, only one form will usually be listed. If the verb is irregular, the dictionary will also give the irregular form. It will give two forms if the past tense and past participle are the same: **say, said.** It will give the three principal parts if they are all different: **sing, sang, sung.**

The following is a list of the most common irregular verbs:

Present	Past	Past Participle
begin	began	begun
break	broke	broken
bring	brought	brought
choose	chose	chosen
come	came	come
do	did	done
drink	drank	drunk
eat	ate	eaten
fall	fell	fallen
freeze	froze	frozen
give	gave	given
go	went	gone
grow	grew	grown
know	knew	known
lay	laid	laid
lie	lay	lain
ride	rode	ridden
ring	rang	rung
rise	rose	risen
run	ran	run
see	saw	seen
sing	sang	sung
speak	spoke	spoken
steal	stole	stolen
swim	swam	swum
take	took	taken
throw	threw	thrown
write	wrote	written

En el imperativo la alteración ocurre en la tercera persona del singular, en la primera y en la tercera persona del plural.

BUSCAR		PAGAR		REZAR	
busca (tú)	buscad (vosotros)	paga	pagad	reza	rezad
busque (él)	busquen (ellos)	pague	paguen	rece	recen
busquemos (nosotros)		paguemos		recemos	

¡OJO! Los verbos buscar, pagar, rezar llevan acento ortográfico en el pretérito de indicativo. En el presente de subjuntivo y en el imperativo formal no llevan acento. Por ejemplo: busque, pague, rece.

C. Los verbos que terminan en *GER, GIR, GUIR* mudan la *G* a *J*, y la *GU* a *G* antes de la *o* y la *a*. La alteración es necesaria para mantener el sonido de la *G*, la cual suena como *J*. De otra manera la *G* precedida de la *o* y la *a* tiene el sonido de *G* suave, como en goma y gana. La *GU* cambia a *G* para reenforzar el sonido de la *G*.

La alteración ocurre en la primera persona del tiempo presente de indicativo:

COGER		DIRIGIR		DISTINGUIR	
cojo	cogemos	dirijo	dirigimos	distingo	distinguimos
coges	cogéis	diriges	dirigís	distingues	distinguís
coge	cogen	dirige	dirigen	distingue	distinguen

En todas las personas del presente de subjuntivo:

COGER		DIRIGIR		DISTINGUIR	
coja	cojamos	dirija	dirijamos	distinga	distingamos
cojas	cojáis	dirijas	dirijáis	distingas	distingáis
coja	cojan	dirija	dirijan	distinga	distingan

En el imperativo la letra *G* cambia a *J*; y las letras *GU* cambian a *G* en la tercera persona del singular, y en la primera y tercera persona del plural.

COGER		DIRIGIR		DISTINGUIR	
coge (tú)	coged (vosotros)	dirige	dirigid	distingue	distinguid
coja (él)	cojan (ellos)	dirija	dirijan	distinga	distingan
cojamos (nosotros)		dirijamos		distingamos	

D. Los verbos que terminan en *DUCIR* sufren muchas alteraciones. En el presente de indicativo la *C* se muda a *ZC* en la primera persona del singular. En el presente de subjuntivo todas las personas sufren la alteración:

PRODUCIR (presente de indicativo)		PRODUCIR (presente de subjuntivo)	
produzco	producimos	produzca	produzcamos
produces	producís	produzcas	produzcáis
produce	producen	produzca	produzcan

En el pretérito perfecto de indicativo y en el imperfecto de subjuntivo la *G* se muda a *J* en toda la conjugación.

PRODUCIR (pret. perf. simple de indi.)		PRODUCIR (pret. imperf. de subj.)	
produje	produjimos	produjera (se)	produjéramos
produjiste	produjisteis	produjeras	produjerais
produjo	produjeron	produjera	produjeran

II. There are **TWO GENERAL RULES** for using irregular verbs:

a. With the **past participle,** use a helping or auxiliary verb (am, is, are, was, were, has, have, or had).

had sung	**has** swum
was thrown	**were** stolen
is known	**have** spoken
are ridden	**am** seen

> **¡ojo!** Observe que la palabra correcta es *dijera* y no *dijiera* como muchos la usan.

En el imperativo la *C* cambia a *ZC* en la tercera persona del singular, y en la primera y tercera persona del plural.

PRODUCIR

produce (tú)   producid (vosotros)
produzca (él)   produzcan (ellos)
produzcamos (nosotros)

E. Los verbos que terminan en *UIR*, como contribuir, mudan la *I* a *Y* en los siguientes tiempos: En el presente de indicativo en todas las personas, excepto en nosotros y vosotros. En el pretérito perfecto simple de indicativo en la tercera persona del singular y plural.

CONTRIBUIR (presente de indicativo)

contribuyo   contribuimos
contribuyes   contribuís
contribuye   contribuyen

CONTRIBUIR (pretérito de indicativo)

contribuí   contribuimos
contribuiste   contribuisteis
contribuyó   contribuyeron

En el presente de subjuntivo y en el imperfecto de subjuntivo toda la conjugación lleva *Y*.

CONTRIBUIR (presente de subjuntivo)

contribuya   contribuyamos
contribuyas   contribuyáis
contribuya   contribuyan

CONTRIBUIR (imperfecto de subjuntivo)

contribuyera (se)   contribuyéramos
contribuyeras   contribuyerais
contribuyera   contribuyeran

En el imperativo todas las personas llevan la *Y* excepto vosotros.

CONTRIBUIR

contribuye (tú)   contribuid (vosotros)
contribuya (él)   contribuyan (ellos)   En el gerundio: contribuyendo
contribuyamos (nosotros)

III. CONJUGACIÓN DEL VERBO IRREGULAR SER:

Modo indicativo

Tiempos simples: Tiempos compuestos:

PRESENTE

soy   somos
eres   sois
es   son

PRETÉRITO PERFECTO

he sido   hemos sido
has sido   habéis sido
ha sido   han sido

PRETÉRITO IMPERFECTO

era   éramos
eras   erais
era   eran

PRETÉRITO PLUSCUAMPERFECTO

había sido   habíamos sido
habías sido   habíais sido
había sido   habían sido

PRETÉRITO PERFECTO

fui   fuimos
fuiste   fuisteis
fue   fueron

PRETÉRITO ANTERIOR

hube sido   hubimos sido
hubiste sido hubisteis sido
hubo sido   hubieron sido

b. With the **past form,** use no helping verb.

My vacation **began** early in August.
He **swam** the length of the pool.
The telephone **rang.**
They **wrote** very carefully.

Tiempos simples:

FUTURO

seré	seremos
serás	seréis
será	serán

Tiempos compuestos:

FUTURO PERFECTO

habré sido	habremos sido
habrás sido	habréis sido
habrá sido	habrán sido

CONDICIONAL

sería	seríamos
serías	seríais
sería	serían

CONDICIONAL PERFECTO

habría sido	habríamos sido
habrías sido	habríais sido
habría sido	habrían sido

Modo subjuntivo

Tiempos simples:

PRESENTE

sea	seamos
seas	seáis
sea	sean

Tiempos compuestos:

PRETÉRITO PERFECTO

haya sido	hayamos sido
hayas sido	hayáis sido
haya sido	hayan sido

PRETÉRITO IMPERFECTO

fuera (se)	fuéramos
fueras	fuerais
fuera	fueran

PRETÉRITO PLUSCUAMPERFECTO

hubiera (se) sido	hubiéramos sido
hubieras sido	hubierais sido
hubiera sido	hubieran sido

Modo imperativo

sé (tú), sea (él), seamos (nosotros), sed (vosotros), sean (ellos)

Formas no personales

GERUNDIO — siendo   PARTICIPIO — sido

IV. VERBOS IRREGULARES DE ALTERACIÓN RADICAL

A. *Verbos de alteración radical de la primera categoría*

Verbos terminados en *AR* que cambian la *E* a *IE* y la *O* a *UE*.

alentar	confesar	sembrar	encontrar
apretar	despertar	temblar	holgar
cegar	desplegar	apostar	mostrar
cerrar	empezar	comprobar	recordar
comenzar	encerrar	demostrar	renovar
			resonar

Verbos terminados en *ER* que cambian la *E* a *IE* y la *O* a *UE*.

atender	encender	absolver	moler
cerner	malquerer	cocer	oler
decender	perder	conmover	poder
defender	querer	devolver	promover
discernir	verter	doler	remover

```
┌─────────────────────────────────────────────────┐
│                   VOCABULARY                     │
│                                                  │
│     irregular verb   —   verbo irregular         │
│     past participle  —   participio pasado       │
│     regular verb     —   verbo regular           │
│                                                  │
└─────────────────────────────────────────────────┘
```

ACTIVITIES

Activity I. TAPE. Listen to the tape as a review of irregular verbs and repeat when you are asked to do so.

Activity II. For each sentence write in the blank the correct form of the verb from the two in parentheses.

1. (began, begun) The party ....at seven o'clock.
2. (broke, broken) The adding machine had been .... for two weeks.
3. (chosen, chose) Have the new secretaries been ....?
4. (came, come) Jack .... to work as quickly as he could.
5. (did, done) Filing was the hardest work Anna had ever ....
6. (drunk, drank) At work we .... all the coffee.
7. (ate, eaten) Someone had already .... all the corn chips.
8. (fell, fallen) The temperature in the office had ....
9. (give, gave) The boss .... a good report on us.
10. (went, gone) Everything had .... wrong all day.
11. (grew, grown) Lisa has ....two inches this summer.
12. (known, knew) I wouldn't have .... what to do.
13. (lay, lain) The book had .... on the desk all day.
14. (rode, ridden) Have you ever .... on a motorcycle?
15. (rung, rang) The telephone ....loud and clear.

Activity III. Translate the first five sentences of Activity II from English to Spanish.

1. ....
2. ....
3. ....
4. ....
5. ....

B. *Verbos de alteración radical de la segunda categoría*

Verbos de la segunda categoría con terminación *IR* que alteran la *E* a *IE* y la *O* a *UE*

arrepentirse	digerir	herir
conferir	divertirse	mentir
deferir	dormir	sentir

C. *Verbos de alteración radical de la tercera categoría*

Verbos de la tercera categoría con terminación *IR* que alteran la *E* a *I*

competir	expedir	reír
conseguir	gemir	regir
corregir	impedir	rendir
despedir	pedir	repetir
embestir	perseguir	seguir

VOCABULARIO

alteración	—	change, alteration	perder (ie)	—	to lose
cerrar (ie)	—	to close	progresivo	—	progressive
confesar (ie)	—	to confess	recordar (ue)	—	to remember
divertirse (ie, i)	—	to enjoy oneself	reír (i)	—	to laugh
dormir (ue, u)	—	to sleep	seguir (i)	—	to follow
empezar (ie)	—	to begin	sentarse (ie)	—	to sit down
encender (ie)	—	to light	servir (i)	—	to serve
imperativo	—	imperative	subjuntivo	—	subjunctive
indicativo	—	indicative	verbo auxiliar	—	helping or auxiliary verb
infinitivo	—	infinitive			
irregular	—	irregular	verbo que cambia de raíz	—	stem-changing verb
mentir (ie, i)	—	to lie			
morir (ue, u)	—	to die	vestirse (i)	—	to get dressed
pensar (ie)	—	to think			

ACTIVIDADES

Actividad   I. CINTA. Ejercicio de repetición.

Actividad II. Cambie el verbo de la oración al tiempo *pretérito perfecto simple* de indicativo.

1. María conduce el camión. ....

2. Yo pago la cuenta. ....

3. Yo busco la circular del mes pasado. ....

4. Yo gozo de mi empleo. ....

5. Yo rezo antes de empezar el día en la empresa. ....

TAPE SCRIPT

MV: Book I, Unit 4, Activity I.

We are now going to review irregular verbs. Remember how they differ from regular verbs: To form the past tense and past participle of regular verbs, you add **d** or **ed** to the present tense. To form the past tense and past participle of irregular verbs, you must change the word. Listen to these examples, and repeat after me:

Regular verb — like (PAUSE)   liked (PAUSE)   liked (PAUSE)
Irregular verb — choose (PAUSE)   chose (PAUSE)   chosen (PAUSE)

Remember, there are two rules for using irregular verbs:

Rule 1. With the Past Participle, use a helping verb called an auxiliary verb. These are am, is, are, was, were, has, have, or had. Listen and repeat:

He **had given** a speech. (PAUSE) **Had** is a helping or auxiliary verb. **Given** is the verb.
The bell **was rung.** (PAUSE)
She **is gone.** (PAUSE)
The letters **are written.** (PAUSE)

Rule 2. With the past form, do not use a helping or auxiliary verb. Listen to some examples and repeat each sentence:

The show **began** early. (PAUSE) **Began** is the past tense of the verb **begin.**
The books **lay** on the desk. (PAUSE) They **wrote** a note. (PAUSE)

Now listen to the most common irregular verbs and repeat them after me. The first word will be the Present, followed by the Past and the Past Participle. Repeat them after me. (See the verbs listed on page 56).

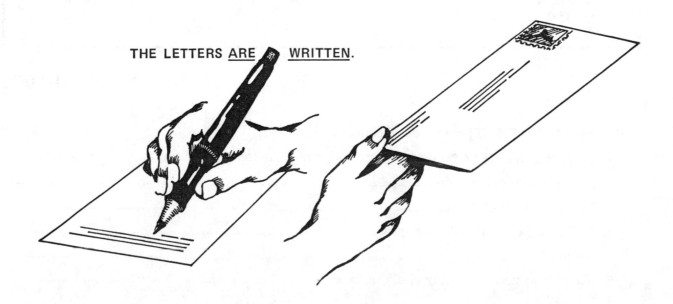

THE LETTERS <u>ARE</u>   <u>WRITTEN</u>.

Actividad III. Cambie el verbo de la oración al tiempo *presente* de indicativo.

1. Yo escogí los archivos para mi despacho...
2. Yo traduje el informe. ....
3. Yo reproduje las cintas. ....
4. La compañía de bienes raíces introdujo un servicio nuevo de fideicomiso. ....
5. Ellos sirvieron los refrescos a los clientes...

Actividad IV. Escriba el *presente* de indicativo de los verbos que están entre paréntesis. Observe el cambio de raíz.

1. (sentir) Yo............................ mucho que . . . .
2. (querer) Ellos no .... usar la computadora.
3. (mantener) El edificio .... la temperatura a 80°F.
4. (recordar) La jefa .... enviar flores a los empleados en sus cumpleaños.
5. (contar) La señorita encargada de los materiales .... el papel y los lápices para cada departamento.

Actividad V. Dé las formas del *presente* del subjuntivo de los siguientes verbos:

1. agradecer (yo) ....
2. conocer (yo) ....
3. producir (yo) ....
4. conducir (yo) ....
5. traducir (yo) ....

Actividad VI. Dé las formas del *pretérito imperfecto* de subjuntivo de los siguientes verbos:

1. busque (yo) ....
2. goce (yo) ....
3. pague (yo) ....
4. pagamos (Nosotros) ....
5. llegaron (Ellos) ....

GRABACIÓN

VG: *Libro I, Unidad 4, Actividad I.*
VG: Cambie el verbo al presente de subjuntivo y reconstruya la oración.
VG: Ud. escucha — Yo busqué las carpetas.
VG: Ud. dice — El jefe desea que yo busque las carpetas.
VG: Ud. escucha — El jefe desea que yo busque las carpetas.
VG: Empecemos . . .

1. Yo expliqué la factura al cliente.
2. Yo pagué la cuenta.
3. Yo llegué a tiempo.
4. Yo embarqué el pedido para Alemania.
5. Yo alcé los brazos.

UNIT 5

ADJECTIVES

OBJECTIVE

The student will demonstrate the ability to define, recognize, and use adjectives in English.

We make the basic structure of a sentence with nouns and verbs.

Men built.

What kind of men? What kind of thing did they build? Perhaps what the writer had in mind was this:

The energetic, intelligent men built an enormous corporate office.

Sentence writing begins with nouns and strong verbs. However, there are words which describe nouns and verbs that help to tell exactly what a sentence means. These words are called adjectives.

Adjectives are words such as **good, bad, excellent, high, low, tall,** and **wide.** They modify or describe nouns or pronouns and usually appear in a certain order in a sentence.

The **tall** man gave the **small** boy an **unexpected** present.

article	adjective	noun
the	tall	man
the	small	boy
an	unexpected	present

The **determiner** or **article** is placed first in order to alert the reader that a noun will follow; the adjective follows the determiner, and the noun comes last as shown in the sentences above.

Determiners are adjectives called articles. **A, an** and **the** are articles. **The** is called a **definite article** because it refers to a particular person or thing. **A** and **an** are **indefinite articles;** they do not specify a particular person or thing. **An** is used before words which begin with a vowel or a vowel sound (e.g. airplane, umbrella, hour).

Examples: Please bring me a book. (any book)
Please give me an apple. (any apple)

For a more complete explanation of articles and their uses, see Unit 7, p. 84 and 86.

LOS ADJETIVOS CALIFICATIVOS, DEMOSTRATIVOS, COMPARATIVOS Y POSESIVOS

OBJETIVOS

Al terminar la Unidad Número Cinco el estudiante reconocerá:

1. El uso de los diferentes adjetivos.
2. La posición del adjetivo antes y después del sustantivo.
3. La concordancia entre el sustantivo y el adjetivo.
4. El estudiante podrá emplear los tres grados de comparación.

EL ADJETIVO es la parte gramatical que modifica al sustantivo. Se une a éste para calificarlo o describirlo.

I. LOS ADJETIVOS CALIFICATIVOS

A. Los adjetivos calificativos siguen al verbo y concuerdan con el sustantivo en género y número.

Ejemplos:

La *carpeta* es *amarilla.*
Los *camiones* de la empresa son *blancos* y *rojos.*

B. Los adjetivos que terminan en *O* y los adjetivos de nacionalidad tienen cuatro formas:

Ejemplos:

El cliente es *rico.* Los clientes son *ricos.*
La cliente es *rica.* Las clientes son *ricas.*

C. Los adjetivos que indican cantidad como mucho, poco, todo, cada, varios, algunos, etc., generalmente preceden al sustantivo.

Ejemplos:

Todos (adjetivo) los empleados (sustantivo) llegamos a tiempo.
Algunos (adjetivo) clientes (sustantivo) viven en el extranjero.

II. LOS ADJETIVOS DEMOSTRATIVOS SON:

SINGULAR		*PLURAL*	
Masculino	*Femenino*	*Masculino*	*Femenino*
este	esta	estos	estas
ese	esa	esos	esas
aquel	aquella	aquellos	aquellas

Las formas neutrales son: eso, esto, aquello

I. DESCRIPTIVE ADJECTIVES

A descriptive adjective describes the noun or pronoun it modifies.

Example: The **soft, red, plush** carpet was installed in the **large, spacious** office.

The pronouns my, his, her, its, our, their, and your are used as adjectives when they come before nouns and modify nouns.*

Example: Our office equipment was transferred to **their** office.

II. PROPER ADJECTIVES

Proper adjectives are adjectives formed from proper nouns. They are always capitalized.

Examples: English   Einsteinian   French   South African

An American typewriter and a Spanish typewriter are almost the same.

III. COMPARATIVE ADJECTIVES

If a comparison is made of one thing or person with another, the **comparative** form is used. The comparative can be formed two ways:

1. For short adjectives like **sweet** and **happy** add **er.**

Examples: sweet**er**   happi**er**
                 quick**er**   wis**er**

2. For longer adjectives like **beautiful** use **more.**

Examples: **more** beautiful   **more** ambitious
                 more delightful   **more** careful

IV. SUPERLATIVE ADJECTIVES

When you compare a thing or person with more than one other, the superlative form is used. The superlative is formed by adding **-est** or by using **most.****
For adjectives that add **-er** to form the comparative, add **-est** to form the superlative. Those adjectives that use **more** to form the comparative use **most** for the superlative.

Examples: This is the **handiest** typewriter I have ever used.
                 Kim is the **smartest** invoice clerk in the office.
                 Mr. Pacheco is the **most** agreeable boss I have worked for.

---

*For a more complete explanation see Unit 2, pp. 18, 20, and 22.
**For a more complete explanation see Unit 6, p. 78.

ESTE (indica)	*ESE* (indica)	*AQUEL* (indica)
Muy cerca	Cerca	Lejos
Aquí	Ahí	Allá, allí

Ejemplos:

Este edificio de oficinas (aquí) es nuevo.
Esa computadora (ahí) es del Japón.
Aquellos archivos (allá) son más viejos.

III. Los ADJETIVOS COMPARATIVOS tienen tres grados

A. Las *formas regulares* son:

POSITIVO	COMPARATIVO	SUPERLATIVO
Adjetivo	Más + Adjetivo	La más + Adjetivo
	Menos + Adjetivo	El más + Adjetivo
		Los más + Adjetivo
		Las más + Adjetivo

Ejemplos:

Esta duplicadora Xerox es *cara*.
Esta duplicadora IBM es *más cara* que el mimeógrafo.
Esta duplicadora Kodak es *la más cara*.

B. Las *formas del superlativo absoluto* son: ísima, ísimo, ísimas, ísimos

Ejemplo:

Esta duplicadora Xerox es *carísima*.

C. Las *formas irregulares* son:

POSITIVO	COMPARATIVO	SUPERLATIVO
Bueno	Mejor	El mejor (la, las, los)
Malo	Peor	El peor (la, las, los)
Grande	Mayor	El mayor (la, las, los)
Pequeño	Menor	El menor (la, las, los)

Ejemplos:

La secretaria es *buena*.
Esta secretaria es *mejor* que la del año pasado.
Esta secretaria *es la mejor* que la empresa haya tenido.

Más grande y más pequeño comparan tamaño físico. Mayor y menor comparan la edad o estado.

D. Las *comparaciones de igualdad* son:

TANTO . . . COMO (comparando dos sustantivos)
TAN . . . COMO (comparando dos adjetivos)
EL MISMO . . . QUE

Ejemplos:

Esta oficina tiene *tanto* trabajo *como* aquélla.
La sucursal emplea *tantos* oficinistas *como* la matriz.

The following is a list of adjectives showing the comparative and the superlative forms:

Adjective	Comparative	Superlative
agreeable	more agreeable	most agreeable
bad	worse	worst (irregular adjective)
big	bigger	biggest
careful	more careful	most careful
expensive	more expensive	most expensive
far	farther	farthest
good	better	best (irregular)
high	higher	highest
little	less (littler, lesser)	least (littlest) (irregular)
many	more	most (irregular)
much	more	most (irregular)
objective	more objective	most objective
strong	stronger	strongest
well	better	best (irregular)

El subgerente es *tan* inteligente *como* la gerente.
Juan presentó *la misma* idea *que* Isabel en la junta de la semana.

IV. LOS ADJETIVOS POSESIVOS

El posesivo demuestra propiedad o pertenencia.

A. El *adjetivo posesivo* concuerda en número y género con el sustantivo que modifica.

Los posesivos que van antes del sustantivo son:

Singular			*Plural*
mi despacho	*su* guía	*mis* despachos	*sus* carpetas
mi oficina	*nuestro* empleado	*mis* oficinas	*nuestros* impuestos
tu sueldo	*nuestra* secretaria	*tus* giros	*nuestras* cuentas
tu correspondencia	*vuestro* agente	*tus* deducciones	*vuestros* clientes
*su tarjetero	*vuestra* agencia	**sus* gabinetes	*vuestras* solicitudes

Ejemplos:

Mis empleados son corteses y puntuales.
Nuestro jefe no sólo es amable sino exigente.
Su oficina extiende esos servicios.

Los posesivos que van después del sustantivo son:

Singular	*Plural*
el despacho *mío*	los empleados *míos*
la oficina *mía*	las ventas *mías*
el sueldo *tuyo*	los giros *tuyos*
la correspondencia *tuya*	las deducciones *tuyas*
el tarjetero *suyo*	los gabinetes *suyos*
la guía *suya*	las carpetas *suyas*
el jefe *nuestro*	los impuestos *nuestros*
la secretaria *nuestra*	las cuentas *nuestras*

---

*Su y *sus* tienen varios significados y para aclarar hay que reemplazar el adjetivo posesivo con la partícula "de" y el pronombre personal.

Ejemplos:

El Sr. Ramos fija el sueldo *de él.*
La Srta. Herrera supervisa el trabajo *de ellos.*
La Sra. Campos paga el trabajo *de Ud.*
La Ing. Díaz organiza la labor *de Uds.*
El Lic. Aguilar defiende el caso *de ella.*
La Dra. Rodríguez cura el mal *de ellas.*
El fabricante fija el precio *de ella* (de la computadora).

VOCABULARY

adjective	—	adjetivo
comparative	—	grado comparativo
comparisons	—	comparaciones
descriptive	—	descriptivo
determiner	—	artículo o adjetivo determinante
energetic	—	enérgico, vigoroso
enormous	—	enorme
formats	—	formatos
incorporated	—	incorporado
to modify	—	calificar, modificar
superlative	—	superlativo

B. El *pronombre posesivo** concuerda en número y género con el sustantivo antecedente.

Ejemplo:

El Sr. Tolentino contesta su propia correspondencia, pero el Sr. Padilla le dicta *la suya* a su secretario.

(la . . . suya: se ha omitido la palabra "correspondencia", siendo ésta el antecedente).

Los pronombres posesivos son:

	Singular		Plural
el mío	la suya	los míos	las suyas
la mía		las mías	
	el nuestro		los nuestros
el tuyo	la nuestra	los tuyos	las nuestras
la tuya		las tuyas	
	(el vuestro)		(los vuestros)
**el suyo	(la vuestra)	los suyos	(las vuestras)

Se puede decir que la presencia del artículo distingue lo que se posee.

Ejemplo:

Ese cheque es *el mío.*

Mientras que la ausencia del artículo determina al dueño.

Ejemplo:

Ese cheque es *mío.*

VOCABULARIO

algunos	— some	embarque	— shipment
archivadora	— file clerk	firmar	— to sign
beneficios	— benefits	pedido	— order
breve	— brief	positivo	— positive
casa matriz	— home office	requerir	— to require, to need
comparativo	— comparative	seguro de vida	— life insurance
concordancia	— agreement (grammar)	superlativo	— superlative
demostrativo	— demonstrative	tamaño	— size
departamento de	— credit and collection	telegrama	— telegram
crédito y cobranzas	department	urgente	— urgent
duplicadora	— duplicating machine		

---

*Para complementar esta Unidad, vea la Unidad 2, pp. 17-23.

**Para aclarar o hacer hincapié se expresa así: "de él, de ella, etc."

ACTIVITIES

Activity I. Write the adjectives you find in each of the following sentences.

1. The secretary is writing a long, dull, strange report. _____
2. The papers had detailed and important information. _____
3. The merchandise was packed in big, long boxes. _____
4. The daily payroll was difficult to compute. _____
5. The business letter is very important. _____
6. She placed the letter in a larger, brown envelope. _____
7. The manager was concerned about the large supply of yellow, green, and blue dresses.

   _____

8. On the desk was a huge bouquet of small, red rosebuds. _____

Activity II. Choose the correct article from the two that precede each sentence and write it in the space provided.

1. (A, An)..............elephant has a long memory.
2. (A, The)..............good book is "The Executive Secretary".
3. (a, an) He is..............honorable man.
4. (a, an) Chris is..............very good typist.
5. a, an) That was..............unusual advertisement.
6. (a, the) The candy was..............best she had ever tasted.

Activity III. Some of the following sentences are correct; others are wrong. If the sentence is correct, write **correct.** If the sentence has an error, write it correctly.

1. John's grades are more higher than mine. _____

   _____

2. Jane is the tallest of the two girls. _____

   _____

3. I found the dictionary more helpful than the almanac. _____

   _____

4. It was the awfullest storm I have ever seen. _____

   _____

5. Of the two brothers, Stan is the heavier. _____

   _____

6. It was the most warmest day of the summer. _____

   _____

7. That file clerk is more better than the other. _____

   _____

8. His house is the most far from work. _____

   _____

ACTIVIDADES

Actividad I. CINTA. Ejercicio de repetición.

Actividad II. Dé el adjetivo demostrativo equivalente al del inglés (entre paréntesis).

1. ....factura (this)
2. ....libro (that near you)
3. ....informes (those near you)
4. ....cajeras (these)
5. ....tarifa (that near you)
6. ....cheque (that far from you)
7. ....depósitos (those near you)
8. ....hipoteca (this)
9. ....presupuesto (that near you)
10. ....ahorros (those far from you)

Actividad III. Sustituya el grado positivo del adjetivo por el grado comparativo y superlativo del mismo.

> *Ejemplo:* Esta secretaria es buena. (grado positivo)
> Esta secretaria es mejor que la anterior. (comparativo)
> Esta secretaria es la mejor que hayamos tenido. (superlativo)

1. Este informe es malo   positivo
   .... comparativo
   .... superlativo

2. Esas máquinas son nuevas
   .... comparativo
   .... superlativo

3. Estas carpetas son blancas
   .... comparativo
   .... superlativo

4. Aquellos archivos son modernos
   .... comparativo
   .... superlativo

5. Esta empresa es grande
   .... comparativo
   .... superlativo

Actividad IV. Dé los comparativos de igualdad con TAN . . . COMO; TANTO . . . COMO

1. Este empleado es.............inteligente.............el jefe.
2. Ellos tienen.............habilidad.............nosotros.
3. Los choferes de los camiones trabajan............. ....los obreros.
4. La recepcionista es.............simpática.............Ud.
5. Hay.............mujeres.............hombres en esta empresa.

9. Of the three formats, I like this one the better. ....

....

10. John is the taller of the three new employees. ....

....

Activity IV. Write six sentences. In the first three, use the comparative form of each of the following adjectives: **good, bad, many.** In the second three, use the superlative of each of the following adjectives: **far, little, much.**

1. ....

2. ....

3. ....

4. ....

5. ....

6. ....

Actividad V

A. Substituya Ud. el sustantivo por el pronombre según el ejemplo:

   Ejemplo: Tenía *mi cuenta* al corriente
                  Tenía *la mía* al corriente

   1. Es *su folleto* de estadística.

   ----

   2. El jefe de promoción les escribió a *sus clientes.*

   ----

   3. El patrón les muestra *sus facturas.*

   ----

   4. La compañía imprime *sus listas* de precios.

   ----

   5. El empleado mostró *su mercancía.*

B. Traducción

   1. (Our) _____ representante pasará por su oficina mañana.

   2. (My) _____ póliza de seguro se ha vencido ya.

   3. (Your) _____ factura lleva el número 4381.

   4. Amiga mía, (your) _____ carta la despaché esta mañana.

C. Escoja el adjetivo posesivo apropiado.

   1. Su empresa es más grande que (el nuestro, los nuestros, la nuestra, las nuestras).
   2. Tus deducciones son mayores que (el suyo, los suyos, la suya, las suyas).
   3. El informe anual de él está hecho y (¿el suyo?, ¿los suyos?, ¿la suya?, ¿las suyas?).
   4. Hemos recibido todos los pedidos; aún faltan (el tuyo, los tuyos, la tuya, las tuyas).
   5. De los contratos que se cancelaron sólo (el mío, los míos, la mía, las mías) queda a salvo.

GRABACIÓN

VG: *Libro I, Unidad 5, Actividad I.*

VG: Escuche y repita con mucho cuidado.

VG: Ud. escucha: Blanca Santos es decoradora interior.

VG: Ud. dice: Blanca Santos es decoradora interior.

VG: Empecemos . . .

   1. La señorita Santos va a decorar el nuevo despacho del Sr. Hernández.
   2. Visita una sala de exhibición de muebles para oficina.
   3. La señorita Santos compra unas lámparas blancas.
   4. Además compra un escritorio, una silla giratoria, unos archivos.
   5. Los muebles del almacén son los mejores que he visto.

UNIT 6

ADVERBS

OBJECTIVE

The student will demonstrate the ability to define, recognize, and use adjectives in English.

An adverb is a word used to modify a verb, an adjective or another adverb. To differentiate between adjectives and adverbs, remember that an adverb tells "how," "when," "where," or "how much."

I. Most adverbs are formed by adding **-LY** to an adjective.

   Examples: quick — quickly; careful — carefully; recent — recently; frequent — frequently;
   expert — expertly; essential — essentially.

II. Adverbs have three degrees of comparison: **POSITIVE, COMPARATIVE, AND SUPERLATIVE.**
The **Positive** degree does not compare anything.

   Example: I hope to find employment **soon.**

   The **Comparative** degree compares two persons or things. The comparative form of an adverb often is formed by adding **-er** to the adverb. If the adverb ends in **-ly,** it is compared by adding the word **more.**

   Examples: I hope to find employment **sooner** than William does.
   I am looking **more thoroughly** for a job than my friend, William.

   The **Superlative** degree compares three or more persons or things. The superlative form of an adverb is formed by adding **-est** to the positive adverb. If the adverb ends in **-ly,** the superlative degree is formed by adding the word **most.***

   Examples: Of the three friends seeking employment, I found my job the **soonest.**
   Of the three of us seeking employment, I looked the **most thoroughly.**

III. Some examples of adverbs in their **POSITIVE, COMPARATIVE, AND SUPERLATIVE** forms are:

POSITIVE	COMPARATIVE	SUPERLATIVE
carefully	more carefully	most carefully
early	earlier	earliest**
slow	slower	slowest
hopefully	more hopefully	most hopefully
well	better	best (irregular adverb)

---

*For a more complete explanation see Unit 5, p. 68.
Adjectives and many adverbs ending in **-ly but having only two syllables usually take the endings **-er** and **-est.**

78

LOS ADVERBIOS

OBJETIVOS

1. Al terminar la Unidad Número Seis, el estudiante sabrá cómo formar los adverbios.

2. El estudiante podrá emplear los tres grados de comparación.

El adverbio es la palabra de la oración que modifica el significado del verbo, del adjetivo, o de otro adverbio. Hay adverbios de lugar (aquí, ahí, lejos, cerca), de tiempo (tarde, temprano, pronto), de modo (bien, mal), de cantidad (mucho, poco), de orden (primero, último), de afirmación (también), de negación (tampoco).

I. Se forma el adverbio usando la palabra "CON" más un sustantivo o añadiendo la terminación "-MENTE" a la forma femenina del adjetivo:

>—Por favor entregue esta mercancía *con cuidado*.
>—Sí, señor. Llegará *perfectamente* bien. Yo la voy a entregar *personalmente*.

Cuando se enumera una serie de adverbios sólo se le agrega la terminación "*-mente*" al último.

>Una recepcionista atiende al público *amable, cortés* e *inmediatamente*.

II. Los adverbios tienen TRES GRADOS DE COMPARACIÓN.

A. *Positivo*, o sea, el grado de comparación expresado por el adverbio solo; no compara.

>Recibirán el pedido *pronto*.

B. El segundo grado, es decir, el adverbio *comparativo*, se forma al colocar los adverbios "*más*" o "*menos*" ante otro adverbio para indicar desigualdad.

>El correo aéreo arriva *más rápidamente* que el ordinario.
>El correo ordinario llega *menos frecuentemente* que el aéreo.

Para expresar *igualdad* se usa "*tanto como*" y "*tan . . . como*".

>Los jefes no trabajan *tanto como* sus secretarias.
>El dependiente no habla *tan* perfectamente bien el inglés *como* el español.

C. El tercero, *el superlativo*, es el grado superior de comparación. No se distingue del grado comparativo.

>El empleado que había trabajado *más diligentemente* en la compañía logró ser ascendido.

III. Se usa "LO" cuando un adverbio lleva "*más*", y el adverbio se modifica; es un *superlativo absoluto* más bien que un comparativo.

>Le mandamos la mercancía *lo más pronto posible*.
>Llenó el formulario *lo más claramente posible*.

BEWARE:	Say This	Not This
When referring to your health, **well** is an adjective. Do not use **good** as an adverb.	He is **well**. You handled that **well**.	He is **good**. You handled that **good**.

IV. The adverbs which are used to answer the question of **where** are **HERE and THERE**.

When an adverb modifies an adjective or another adverb, it answers the question of **how much.**

Examples: I plan to apply for a job **here.**
I plan to seek an interview for a job **more** often.

V. An adverb that is frequently confused is the word **TOO** which means **more than enough** or **also.** Do not confuse it with the words **to** (preposition) or **two** (number).

Examples: I am looking for a job, **too.**
There are not **too** many applicants for the position.

VI. The negative adverb **NOT** is never used in a sentence with another negative.

Example: I am **not** happy with my job **anymore.** (not **no more**)

BEWARE:	Say This	Not This
Do not use a double negative.	I do not have **anybody** to help me. We **could never** agree.	I do not have **nobody** to help me. We **couldn't never** agree.

VOCABULARY

differentiate	— diferenciar, distinguir	frequently	— frecuentemente
employment	— empleo	negative	— negativo
essential	— esencial	seeking	— buscando
expert	— hábil, experto, perito	thoroughly	— extensamento, completamente

ACTIVITIES

Activity I. TAPE. Listen to the tape and repeat when you are asked to do so. Select the comparative or superlative degree of adverbs.

Activity II. Write the adverbs that can be formed from the following adjectives.
(Caution: watch your spelling; an adjective that ends in "y" changes the "y" to "i" before adding the "ly.")

Example: happy; happily

1. direct .... 3. considerable ....

2. busy .... 4. perfect ....

IV. El adverbio sencillo se convierte en ADVERBIO ABSOLUTO al cambiar la vocal final y al agregar -*mente*.

Ejemplo: ligero, ligeramente

La secretaria toma la taquigrafía *ligeramente*.

V. El grado *superlativo absoluto* se forma usando -*ísimo*, -*ísima* y -*mente* después del adverbio. Si el adverbio termina en vocal, ésta se omite.

Ejemplo: ligero
      ligerísimamente

La oficinista escribe *ligerísimamente* a máquina.

VOCABULARIO

absoluto	— absolute	lugar	— place
cantidad	— quantity	más	— more, most
correo	— mail	menos	— less, least
cuenta	— account, count	modo	— way, manner
desigualdad	— inequality	orden, pedido	— order
"de" todos	— of all (in)	ordinario	— regular
entregaré	— I will deliver	sin embargo	— however
entregué	— I delivered	taquigrafía	— shorthand
esfuerzo	— effort	tan — como	— as . . . as
esmeradamente	— carefully (done)	tanto como	— so much, as much
grado	— degree	tiempo	— time
igualdad	— equality	último	— last

ACTIVIDADES

Actividad I. CINTA. Ejercicio de sustitución de adverbios.

Actividad II. Escriba los adverbios que se forman de los siguientes adjetivos.

Ejemplo: perfecto — perfectamente

1. directo	11. frecuente
2. puntual	12. cuidado
3. considerable	13. cierto
4. feliz	14. silencioso
5. lento	15. posible
6. claro	16. probable
7. ligero	17 necesario
8. rápido	18. afortunado
9. callado	19. último
10. seguro	20. diario

5. beautiful	....	15. deliberate	....
6. clear	....	16. skillful	....
7. quick	....	17. frequent	....
8. different	....	18. heavy	....
9. hopeful	....	19. hasty	....
10. secure	....	20. probable	....
11. rapid	....	21. necessary	....
12. careful	....	22. ordinary	....
13. certain	....	23. fortunate	....
14. quiet	....	24. slow	....

TAPE SCRIPT

MV: Book I, Unit 6, Activity I.

Repeat the following sentences, and listen carefully for the adverbs.

1. I proceeded happily with my assignment. (PAUSE)
2. How quickly they delivered my order! (PAUSE)
3. The workmen skillfully completed the project. (PAUSE)
4. We worked quietly on the assembly line. (PAUSE)
5. He described the contents of the missing package thoroughly. (PAUSE)

MV: Now you will hear sentences with several comparative adverbs. Select the correct adverb.
You hear: I worked (carefulier, more carefully) than my friend, Louis.
You say: I worked more carefully than my friend, Louis.

1. They sent my order (earlier, more early) than your order. (PAUSE) They sent my order earlier than your order.
2. I arrived at the office (later, more late) than you did. (PAUSE) I arrived at the office later than you did.
3. George drives (faster, more fast) now that he is in college. (PAUSE) George drives faster now that he is in college.
4. Office regulations are followed (looslier, more loosely) than they were six months ago. (PAUSE) Office regulations are followed more loosely than they were six months ago.
5. He felt (hopefuler, more hopeful) about the project after he heard your report. (PAUSE) He felt more hopeful about the project after he heard your report.

MV: Now you will hear sentences in which the adverb is given in the comparative degree. You are to change the adverb to the superlative degree. You will hear: I worked **faster** than you. You say: I worked the **fastest** of all.

1. The secretary typed faster than the others. (PAUSE) The secretary typed the fastest of all.
2. I talked more than my friends. (PAUSE) I talked the most.
3. I walked farther than you. (PAUSE) I walked the farthest of all.
4. This secretary transcribes better. (PAUSE) This secretary transcribes the best of all.
5. The new employee works slower than you. (PAUSE) The new employee works the slowest of all.

21. mensual .... 23. anterior ....
22. anual .... 24. actual ....

Actividad III. Redacte oraciones usando los siguientes adverbios:

Ejemplo: concienzudamente — La chica a quien emplearon el mes pasado trabaja concienzuda- mente.

1. considerablemente ....
2. desafortunadamente ....
3. exactamente ....
4. fácilmente ....
5. recientemente ....

GRABACIÓN

Libro I, Unidad 6, Actividad I.

VG: Escuche con atención y después cambie la forma del adverbio.
VG: Ud. escucha: Termino mi tarea con felicidad. (Pausa)
VG: Ud. dice: Termino mi tarea felizmente.
     Empecemos . . .

1. Entregaron los pedidos con prontitud. (Pausa)
   Entregaron los pedidos prontamente.

2. Yo llegué con puntualidad. (Pausa)
   Yo llegué puntualmente.

3. El empleado terminó su trabajo con esmero. (Pausa)
   El empleado terminó su trabajo esmeradamente.

4. Trabajamos en silencio. (Pausa)
   Trabajamos silenciosamente.

5. Terminaron la obra con gusto. (Pausa)
   Terminaron la obra gustosamente.

VG: Ahora cambie el adverbio comparativo de desigualdad por su contrario.

VG: Ud. escucha: Yo trabajé más diligentemente que mi compañero.
VG: Ud. dice: Yo trabajé menos diligentemente que mi compañero.

1. Mandaron mi pedido más rápidamente que el suyo. (Pausa)
   Mandaron mi pedido menos rápidamente que el suyo.

2. Yo llegué a la oficina menos tarde que usted. (Pausa)
   Yo llegué a la oficina más tarde que usted.

3. La nueva recepcionista se explica más claramente que la otra. (Pausa)
   La nueva recepcionista se explica menos claramente que la otra.

4. El presidente habla más confidencialmente a la gerencia que a los empleados. (Pausa)
   El presidente habla menos confidencialmente a la gerencia que a los empleados.

5. Cristina se expresa en inglés menos fácilmente que Patricia. (Pausa)
   Cristina se expresa en inglés más fácilmente que Patricia.

ARTICLE ADJECTIVES

OBJECTIVE

The student will demonstrate the ability to recognize, define, and use article adjectives in English.

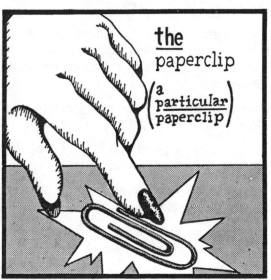

I. THE ARTICLE ADJECTIVES ARE "A," "AN," AND "THE."

"A" and "an" are called indefinite article adjectives since they could mean **any** noun rather than a **definite** noun.

Examples: **a** paper clip (It could be any paper clip from a box on your desk)
an envelope (It could be any envelope from your desk drawer)

"The" is called a definite article adjective since it refers to a specific noun.

Examples: **the** paper clip on the floor (a very specific paper clip)
the envelope addressed to Acme Company (a very particular envelope)

II. THE ADJECTIVE "A" is used before words which begin with a consonant or a long "u" sound.

Examples: a promotion   a letter   a report   a calendar
           a uniform   a utility   a union   a unit

LOS ARTÍCULOS, GÉNERO Y CONCORDANCIA

> **OBJETIVOS**
>
> 1. Al terminar la Unidad Número Siete el estudiante reconocerá la concordancia entre el género y el número.
> 2. El estudiante reconocerá los artículos definidos e indefinidos y la forma neutral "lo".

I. **EL ARTÍCULO DEFINIDO.** Sus formas son: el — los (masculino) ; la — las (femenino).

   A. Se usa al hablar acerca del *título de alguna persona*.

Artículo	+	Título	+	Apellido
El		Licenciado		Salazar
La		Presidenta		Ceceña

   B. Se omite al hablarle directamente *a alguna persona*.

> Doña Consuelo, ¡tanto gusto!
> Señor licenciado Salazar, una llamada telefónica para usted.

   C. Se usa al hablar acerca de *alguna cosa*.

> *Las* cuentas bancarias.   *Los* cheques de viajero.

   D. Se omite al hablar en *sentido partitivo*.

> ¿Tiene Ud. una cuenta de ahorros?

   E. Se usa al referirse a las *partes del cuerpo* y a las *prendas de vestir*.

> La empleada se quita *los* zapatos porque le duelen *los* pies.

   F. Se usa *al modificar un sustantivo* con un adjetivo u otra palabra.

> *El* millonario Howard Hughes también fue piloto.
> *La* guapa Raquel vive en Hollywood.

   G. Se usa al referirse a los *días de la semana*. Se omite después del verbo *ser*.

> Vuelva Ud. *el* martes 19 de junio de 19—.

> **¡OJO!** Hoy *es* lunes y pasado mañana *es* miércoles.

   H. Se usa al referirse a los *idiomas*. Se omite después del verbo *hablar, saber, enseñar, aprender, estudiar* cuando se usan en relación con los idiomas, y después de las preposiciones *en* y *de*.

> Prefiero *el* español *al* (a + el) inglés.

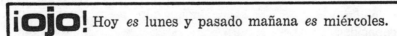

> **¡OJO!** El gerente se defiende *en* inglés también.
> El supervisor *de* español e inglés lo entiende todo.

III. **THE ADJECTIVE "AN"** is used before words which begin with a vowel: a, e, i, o, and the sound of the short "u."

Examples: an assistant   an envelope   an outline
            an undertaking   an unbiased report   an injury

IV. **THE ADJECTIVE "AN"** is used before words which begin with the letter "h" when the "h" is silent.

Examples: an hour   an honor   an heir
           a heading   a highway   a homeowner's policy

V. **THE ADJECTIVE "THE"** may be used before any noun regardless of what letter the noun begins with.

Examples: the promotion   the honor   the assistant   the homeowner's policy
            the report   the heading   the envelope   the unbiased report

VOCABULARY

English		Spanish	English		Spanish
assigned	—	asignado	homeowner's policy	—	póliza del dueño de casa
assistant	—	ayudante	outline	—	bosquejo, esquema
calendar	—	calendario	paper clip	—	ganchito, presilla,
capacity	—	capacidad			sujetapapeles
courteous	—	cortés	personnel	—	personal
dictation	—	dictado	promotion	—	ascenso
efficient	—	eficaz, eficiente	qualities	—	cualidades
engineering	—	ingeniería	shorthand	—	taquigrafía
(to) file, filing	—	archivar	signature	—	firma
heading	—	encabezamiento	telephone	—	teléfono
high school	—	colegio, escuela	transcription	—	transcripción
		secundaria	unbiased report	—	informe imparcial

I. Se usa al referirse a los nombres de *países y ciudades*.

> El español se habla en la Argentina, el Canadá, los Estados Unidos, el Ecuador, el Perú, el Paraguay, el Uruguay y en La Habana (Cuba). En el Brasil se habla portugués y en el Japón, japonés.

II. EL ARTÍCULO INDEFINIDO. Sus formas son: un — unos (masculino); una — unas (femenino).

A. *Se usa* en sentido general como en inglés.

Es *una* secretaria bilingüe.   Es *un* buen jefe.
Son *unos* empleados trabajadores.   Es *una* gerente eficaz.

B. *Se omite* al expresar:

profesión — Es ingeniero.   nacionalidad — Son nicaragüenses.
religión — Somos católicos.   oficio — Es contador público.

afiliación política — Soy demócrata (republicana).

C. *Se usa* al modificar estos sustantivos mediante otra palabra.

¿Es *un* contador público responsable?   Es *una* jefa simpática.

D. *Se omite* también ante las siguientes palabras:

cien — Se vendieron *cien* automóviles ayer.
cierto — *Cierto* tipo de cliente.
mil — Invirtieron *mil* dólares en la empresa.
otro — Prefiero *otro* (otra).
semejante — Un cliente nos dio *semejante* lata el mes pasado.
tal — En la contabilidad se descubrió *tal* error.

III. EL ARTÍCULO DEFINIDO "LO" NEUTRO.

A. Generalmente se usa "lo" ante adjetivos para expresar conceptos generales o abstractos.

Lo práctico del aparato es *lo fácil* que funciona.
Lo difícil de la venta es la indecisión del cliente.
Lo bueno y *lo mejor* es la ganancia.
Lo peor es el interés.

B. Generalmente se usa "lo" ante adverbios.

Llame Ud. *lo más pronto* que le sea posible.   Firme Ud. *lo más claro* que le sea posible.

IV. GÉNERO Y CONCORDANCIA. Generalmente el sustantivo masculino termina en "O"; el sustantivo femenino en "A".

Singular (uno)	Plural (dos o más)
(M) *El* teléfono está ocupado.	(M) *Los* teléfonos están ocupados.
(F) *La* recepcionista está ocupada.	(F) *Las* recepcionistas están ocupadas.

Algunas excepciones son:

el día — los días   el mapa — los mapas   el sistema — los sistemas
el idioma — los idiomas   el programa — los programas   el telegrama — los telegramas

ACTIVITIES

Activity I. In the following paragraph select the correct article adjective to be used.

(A, an, the) young woman, Karen Elliott, is (a, an, the) employee in (a, an, the) large office in New York City. She works for (a, an, the) manager of (a, an, the) engineering firm. Karen was hired as (a, an, the) clerk-typist, but since she had (a, an, the) skill and could take shorthand, she soon became (a, an, the) stenographer. Karen began her office training while she was attending (a, an, the) high school in New York City and was (a, an, the) senior. She was employed in (a, an, the) part time capacity during her senior year by (a, an, the) office that eventually hired her full time. Karen's duties consist of typing reports for (a, an, the) head office, answering (a, an, the) telephone, taking messages, and filing all (a, an, the) correspondence which comes to (a, an, the) boss's office, as well as taking dictation and transcribing her shorthand notes. Karen is (a, an, the) very well-adjusted individual with (a, an, the) congenial personality which makes her well liked by all (a, an, the) office personnel. Karen is always courteous to (a, an, the) visitors to her office. She is (a, an, the) extremely efficient worker and all (a, an, the) tasks she is assigned are done thoroughly. Karen is (a, an, the) type of employee that most offices are glad to hire; she has (a, an, the) qualities necessary for (a, an, the) promotion.

Activity II. TAPE. Listen to the tape and do the following:

1. Check selection of articles in Activity I.
2. Oral repetition drills.
3. Dictation drill for shorthand students.

Activity III. Write sentences using the words given below. Supply all missing words which consist mainly of article adjectives and pronouns. Remember: he, him, and his are masculine pronouns in gender; she, her, and hers are feminine in gender. It and its are neuter pronouns and are neither masculine nor feminine.

> **Example:** / employee / bank / prepares / deposit slip / customers.
> An employee of the bank prepares a deposit slip for his customers.

1. / secretary talked / telephone / set up / date for / meeting.

   ----

2. / lawyer / dictated / new will / transcribed by / secretary.

   ----

3. / cashier at / ticket office sold tickets to patrons / theater.

   ----

4. / man saves / money in / savings bank and deposits / paycheck every Friday.

   ----

5. / woman told / salesperson that / would like to purchase / sweeper with / attachments.

   ----

6. / joint bank account is / account into which more than one member of / family can deposit money; they can also write checks against / funds in / account.

   ----

7. / charge account is / great responsibility to / person who does not know how to manage / money well.

Las terminaciones -*ad*, -*ud*, -*ión*, -*umbre* son femeninas.

la ciudad — las ciudades   la mansión — las mansiones   la cumbre — las cumbres
la actitud — las actitudes   la unión — las uniones   la muchedumbre — las muchedumbres

V. LA FORMACIÓN DEL PLURAL DE LOS SUSTANTIVOS. A los sustantivos y adjetivos que terminan en vocal se les añade "S". A los que terminan en consonante se les añade "ES".

el ayudant*e* — los ayudant*es*   imparcia*l* — imparciale*s*
eficaz — eficace*s*   póliza — póliza*s*

VOCABULARIO

ayudante —	assistant	idioma —	language
bancarias —	banking (adj.)	ingeniero —	engineer
contador público —	public accountant	licenciado —	lawyer
cortés —	courteous	llamada —	call
cuentas —	accounts	lo más pronto posible —	as soon as possible
de ahorros —	savings (adj.)	lo práctico de —	the practical part of
eficaz —	efficient	muchedumbre —	crowd
empleada —	employee	póliza —	policy
género —	gender	recepción —	reception desk
gerente —	manager	se defiende —	gets along, makes out
		trabajadores —	workers

ACTIVIDADES

Actividad I. En el siguiente párrafo escoja el artículo apropiado.

[1](El, La, Lo) señorita Rosalinda Rivera es [2](un, una, unas) mecanógrafa y taquígrafa de primera en [3](el, la, lo) oficina del gerente de [4](un, una, uno) almacén grande en Villahermosa, Tabasco en México. Al principio ella trabajaba media jornada, siendo estudiante en [5](el, la, lo) colegio; después de recibirse aceptó [6](un, una, uno) empleo de jornada completa. [7](La, Los, Las) responsabilidades de [8](la, las, el) señorita Rosalinda son varias: pasa a máquina [9](los, las, la) cartas y [10](los, las, lo) informes de [11](el, la, las) gerencia, contesta [12](lo, el, la) teléfono y archiva [13](lo, los, las) documentos. Lo principal es que ella crea [14](un, uno, una) ambiente congenial para los que frecuentan [15](el, la, los) oficina y mantiene [16](el, lo, la) orden completo. Su jefe le dice siempre —Señorita, es usted [17](un, una, uno) chica muy eficaz.

Actividad II. CINTA

Contenido: 1. Escuche la grabación. Revise la *Actividad I* fijándose bien en el artículo apropiado.
2. Dictado para los estudiantes de taquigrafía. La meta es escribir 60 ppm.

TAPE SCRIPT

MV: Book I, Unit 7, Activity II.

Check your selection of articles in Activity I to see if you used **a, an,** or **the** correctly.

MV: A young woman, Karen Elliott, is an employee in a large office in New York City. She works for the manager of an engineering firm. Karen was hired as a clerk-typist, but since she had a skill and could take shorthand, she soon became a stenographer. Karen began her office training while she was attending a high school in New York City and was a senior. She was employed in a part time capacity during her senior year by an office that eventually hired her full time. Karen's duties consist of typing reports for the head office, answering the telephone, taking messages, and filing all the correspondence which comes to the boss's office, as well as taking dictation and transcribing her shorthand notes. Karen is a very well-adjusted individual with a congenial personality which makes her well liked by all the office personnel. Karen is always courteous to the visitors to her office. She is an extremely efficient worker and all the tasks she is assigned are done thoroughly. Karen is the type of employee that most offices are glad to hire; she has the qualities necessary for a promotion.

MV: Listen to the passage again and repeat the words, imitating their pronunciation as closely as you can. (PAUSE AT DIAGONALS FOR STUDENT REPETITION.)

A young woman, Karen Elliott, / is an employee / in a large office in New York City. / She works for the manager / of an engineering firm. / Karen was hired as a clerk-typist, / but since she had a skill and could take shorthand, / she soon became a stenographer. / Karen began her office training / while she was attending a high school / in New York City / and was a senior. / She was employed in a part time capacity / during her senior year / by an office / that eventually hired her full time. / Karen's duties consist of typing reports for the head office, / answering the telephone, / taking messages, / and filing all the correspondence / which comes to the boss's office, / as well as taking dictation / and transcribing her shorthand notes. / Karen is a very well-adjusted individual / with a congenial personality / which makes her well liked by all the office personnel. / Karen is always courteous to the visitors to her office. / She is an extremely efficient worker / and all the tasks she is assigned / are done thoroughly. Karen is the type of employee / that most offices are glad to hire; / she has the qualities necessary for a promotion.

MV: Now the material will be dictated at 60 words per minute. If you are a shorthand student, practice it several times until you can take it smoothly and accurately.
(TO BE DICTATED AT 15 SECOND INTERVALS — 60 WORDS PER MINUTE)

A young woman, Karen Elliott, is an employee in a large office in New York City. / She works for the manager of an engineering firm. Karen was hired / as a clerk-typist but since she had a skill and could take shorthand, she soon became / a stenographer. Karen began her office training while she was attending a / high school in New York City and was a senior. She was employed in a part / time capacity during her senior year by an office that eventually hired her / full time. Karen's duties consist of typing reports for the head office, answering / the telephone, taking messages, and filing all the correspondence which comes to / the boss's office, as well as taking dictation and transcribing her shorthand notes. / Karen is a very well-adjusted individual with a congenial / personality which makes her well liked by all the office personnel. Karen is / always courteous to the visitors to her office. She is an extremely / efficient worker and all the tasks she is assigned are done thoroughly. Karen is the / type of employee that most offices are glad to hire; she has the qualities / necessary for a promotion.

Actividad III. Escriba las siguientes oraciones en su forma plural.

1. El teléfono suena todo el día.

----

2. La llamada es confidencial.

----

3. Su cheque no lleva ninguna firma.

----

4. El cliente tiene una cuenta de ahorros en el banco.

----

5. La carta ya está lista.

Actividad IV. Escriba oraciones usando las palabras dadas. Será necesario agregar otras palabras, por ejemplo: el — los, la — las, un — unos, una — unas, en, para, de, etc.

Ejemplo: empleado / banco / preparar / cheque al / cliente
El empleado *del* banco prepara *un* cheque al cliente.

1. secretaria / contestar / teléfono y / hacerle / cita / sesión

----

2. abogado / dictar / documento y / secretario / pasar a máquina / testamento

----

3. cajeros / estar / taquilla / para cobrar / billetes

----

4. gente / ahorrar / banco / parte de / sueldo

GRABACIóN

VG: *Libro I, Unidad 7, Actividad II.*

VG: Escuche la grabación y revise la *Actividad I* fijándose bien si ha escogido el artículo apropiado para cada oración. Después escriba en taquigrafía el párrafo entero.

La señorita Rosalinda Rivera es una mecanógrafa y taquígrafa de primera en la oficina del gerente en un almacén grande en Villahermosa, Tabasco en México. Al principio ella trabajaba media jornada, siendo estudiante en el colegio, después de recibirse aceptó un empleo de jornada completa. Las responsabilidades de la señorita Rosalinda son varias: pasa a máquina las cartas y los informes de la gerencia, contesta el teléfono y archiva los documentos. Lo principal es que ella crea un ambiente congenial para los que frecuentan la oficina y mantiene el orden completo. Su jefe le dice siempre —Señorita, es usted una chica muy eficaz.

NOTA: La meta es escribir un total de 60 palabras por minuto.

UNIT 8

INTERJECTIONS, CONJUNCTIONS, PREPOSITIONS

OBJECTIVES

1. The student will demonstrate the ability to recognize, define, and use interjections.
2. The student will demonstrate the ability to recognize, define, and use conjunctions.
3. The student will demonstrate the ability to recognize, define, and use prepositions.

I. INTERJECTIONS

The interjection is a word or group of words used to express a strong feeling. This strong feeling may be one of fear, anger, surprise, joy, or other emotion.

Examples:

Help! The wastebasket is on fire!
Gee, I didn't know he was so big!
Wow! Look at her type!

Oh, wasn't it you who wrote the report?
Ouch! The desk drawer caught my finger!
Stop! You are going to run into the file cabinet!

II. CONJUNCTIONS

Conjunctions join words or groups of words and show the relationship between them such as the use of **and** and **or** in the following sentences:

My graduation present will be a typewriter **and** a calculator.
My graduation present will be a typewriter **or** a calculator.

a. Coordinating Conjunctions

Words like **and, but, or, nor, yet,** and **for** are coordinating conjunctions. They connect single words or parts of a sentence that are of equal rank.

Examples:

Ted **and** Martha typed the letter as directed. (**and** connects **Ted** and **Martha**).
Anna likes typing **but** she doesn't like filing. (**but** connects **Anna likes typing** and **she doesn't like filing**).

b. Correlative Conjunctions

Correlative conjunctions are conjunctions used in pairs to connect words, phrases, or clauses. The most commonly used correlative conjunctions are:

both .... and
neither .... nor
whether .... or

either .... or
not only .... but also

INTERJECCIONES, CONJUNCIONES Y PREPOSICIONES

OBJETIVOS

1. Al terminar la Unidad Número Ocho el estudiante sabrá usar las interjecciones, las conjunciones y las preposiciones.
2. El estudiante conocerá en detalle el uso de las preposiciones *por* y *para*.

En esta unidad vamos a presentar las interjecciones, conjunciones y preposiciones. Las preposiciones *por* y *para* se explican en una sección aparte de esta unidad.

I. LA INTERJECCIÓN se emplea para expresar emoción, y va acompañada de los signos de admiración ¡ . . . !

Ejemplos:

¡Qué pedido tan grande!
¡Socorro, auxilio!, gritaba el niño en medio del lago.

LAS INTERJECCIONES DE MÁS USO SON LAS SIGUIENTES:

¡Bah!	¡Caramba!	¡Cielos!	¡Ojo!
¡Ah!	¡Caray!	¡Claro!	¡Pobre de mí!
¡Ay!	¡De veras!	¡Válgame Dios!	¡Necios!
¡Ea!	¡Vaya!	¡Cuidado!	¡Dios mío!
¡Cáspita!	¡Socorro!	¡Alto!	¡Virgen Santa!
¡Uf!	¡Fuego!	¡Auxilio!	¡Bravo!

II. *LA CONJUNCIÓN* sirve para unir dos o más palabras o frases de la misma categoría gramatical, es decir, dos sujetos, dos adjetivos o dos oraciones.

Las conjunciones de más uso son *Y* y *O*.

Ejemplos:

Carlos *y* Juan terminarán el presupuesto de ventas esta mañana.

El departamento de publicidad, *o* envía las circulares, *o* nos permite a nosotros enviarlas.

LAS CONJUNCIONES MÁS COMUNES SON:

y	mas	si	o . . . o
o	ni . . . ni	aunque	sino
pero	que	no solamente . . . sino que	mientras

Examples:

Either carbons **or** photocopies may be used.
Neither Jane **nor** Tim knew how to use the calculator.
Not only were the typists available **but** also the typewriters.

c. **Subordinating Conjunctions**

Words like **because, if, when,** and **where** are referred to as subordinating conjunctions. Each signals that the clause that follows it is not to be understood as a sentence, but as a subordinate clause modifying something else in the sentence.

Examples:

Because Lisa knew how to type, she was hired. **(Because Lisa knew how to type** is a subordinate clause).

While you are here, please fill out these forms. **(While you are here** is a subordinate clause).

The following are some of the most common subordinating conjunctions:

after	before	then	where
although	if	though	whereas
as	since	unless	wherever
as if	so that	until	whether
as though	than	when	while
because	that	whenever	why

IIi. PREPOSITIONS

A preposition is a word used before a noun or a pronoun, called its object, to show the relationship between that noun or pronoun and some other word in the sentence.

Example: The man **in the black suit** was the manager.

In the sentence above, **in** is a preposition connecting **suit,** its object, with the noun **man.** It points out which man was the manager — the one in the black suit.

A prepositional phrase consists of a preposition, its object, and any modifier of the object.

PREPOSITION	MODIFIERS	OBJECT
in	the black	suit

Below is a list of forty-five common prepositions. You may want to study this list of commonly used prepositions so that you may easily recognize prepositions.

about	before	concerning	like	to
above	behind	down	near	toward
across	below	during	of	under
after	beneath	except	off	until
against	beside	for	on	up
along	between	from	onto	upon
among	but	in	over	with
around	by	inside	since	within
at	beyond	into	through	without

III. *LA PREPOSICIÓN* señala la relación entre su antecedente y su complemento. Los complementos que llevan preposición se llaman complementos preposicionales. En esta unidad trataremos sólo acerca de las preposiciones simples. La preposición sirve para relacionar adjetivos, verbos, sustantivos, adverbios y pronombres.

Ejemplos:

El libro *de* contabilidad.

Contabilidad (Sustantivo, complemento de la preposición *de*. El libro es su antecedente. *De* establece la relación que existe entre libro y contabilidad).

Los veíamos *desde* lejos.

Lejos (Adverbio complemento de la preposición *desde*).

La recepcionista presume *de* inteligente.

Inteligente (Adjetivo complemento de la preposición *de*).

LAS PREPOSICIONES MÁS COMUNES SON:

a	contra	en	salvo
ante	de	entre	según
bajo	desde	excepto	sobre
con	durante	hacia	tras

El uso de la preposición *a* se explica en la Unidad Número Dos, página 23.

IV. LAS PREPOSICIONES *PARA* Y *POR*

A. *Usos de PARA*

1. *Propósito* —Estas carpetas son *para* archivar.
2. *Destinación* — El embarque de libros va *para* Los Ángeles.
3. *Tiempo en el futuro* —Necesitamos el informe *para* la junta del lunes.
4. *A pesar de* —*Para* no tener mucha educación, hace muy bien el trabajo.
5. Para designar el *lugar de empleo* —Trabajo *para* García y Cía.

B. *Usos de POR*

1. *Intercambio* —Pagó diez dólares *por* la cartera.
2. *Período de tiempo* —El avión estará allí *por* dos horas.
3. *Hacer algo por alguien* —Trabajaré *por* tí, porque es tu cumpleaños.
4. Por, *con verbos tales como enviar y luchar.* —Cuando las máquinas no funcionan envían *por* el mecánico. Los empleados lucharon *por* sus derechos.
5. Por, *con la voz pasiva.* —El cheque fue girado *por* el cliente.
6. Por, cuando significa *atravesar*, o *pasar por*. —Los turistas pasaron *por* Guatemala, pero no pararon.
7. Por, para indicar *un medio de transporte.* —Viajó *por* avión. Viajó *por* tren. Viajó *por* barco.

Prepositional phrases may modify nouns, pronouns, or verbs. A phrase that modifies a noun or pronoun is an adjective phrase. A phrase that modifies a verb is an adverb phrase.

Examples:

The secretary found a box **of paper clips.** (Adjective phrase modifying the noun **box**)
Each **of us** needs a job. (Adjective phrase modifying the pronoun **each**)
The accountant came **into the room.** (Adverb phrase modifying the verb **came**)

VOCABULARY

clause	—	cláusula
conjunction	—	conjunción
coordinating conjunction	—	conjunción copulativa
correlative conjunction	—	conjunción correlativa
interjection	—	interjección
object of preposition	—	complemento de la preposición
phrase	—	frase, expresión
preposition	—	preposición
prepositional phrase	—	frase preposicional o prepositiva
relationship	—	relación
subordinating conjunction	—	conjunción en cláusula subordinada
to modify	—	modificar, calificar

ACTIVITIES

Activity I. Circle each **prepositional phrase** in the following sentences. Draw an arrow from the phrase to the word it modifies. To the right of the sentence tell whether the phrase is an adjective phrase or an adverb phrase.

1. She reached across the desk for the folder.   --

2. The secretary walked into the new elevator.   --

3. My cousin in Spain sent me a book of vocabulary words.   ------------------------------------

4. Jim fell into the swimming pool.   --

5. We divided the work among the members of the office pool. ------------------------------------

6. Pull that cord in case of emergency.   --

7. Walter is writing for samples of office materials.   --

8. A strong odor of coffee drifted from the office.   --

9. The secretary located the materials in the filing cabinet.   ------------------------------------

10. He placed the information in the wrong folder.   --

VOCABULARIO

complacer	—	to please	meta —	goal
cumplir	—	to fulfill	período —	period of time
días feriados	—	holidays	petróleo —	petroleum, oil
enviar	—	to send	productos —	products
escalinata	—	stairs	reglamento —	set of rules
gobierno	—	government	semana próxima —	next week
gratificación	—	reward	sueldo —	salary
habitación	—	room	tarifas —	tariffs,
ingresos	—	income		price lists
junta directiva	—	executive board	turistas —	tourists
medio de transporte	—	means of transportation		

ACTIVIDADES

Actividad I.   *CINTA.* Ejercicio de repetición.

Actividad II. Llene el espacio con la conjunción que mejor complete la oración.

1. Manuel .... Jesús son los empleados nuevos.

2. Los interventores .... leyeron .... prestaron atención a los informes.

3. La empresa nos daría un aumento de sueldo .... tuviese los fondos.

4. Los clientes desean .... la empresa reduzca los precios.

5. No solamente trabajaremos .... continuaremos hasta terminar.

6. El gerente tiene paciencia .... no tiene tiempo.

7. No escribiré las cartas .... contestaré el teléfono.

8. ¿Archivas .... lees?

9. No asistiré a la junta .... me lo pidan.

10. No logramos el volumen de ventas que deseábamos .... no debemos desalentarnos.

Actividad III. Llene el espacio con la preposición que mejor complete la oración.

1. Los turistas no ocuparon las habitaciones .... que las camareras las limpiaron.

2. .... el invierno no hay tregua en las ventas.

3. Los directores de la junta ejecutiva están .... el nuevo reglamento.

4. Cumpliremos nuestra meta .... el fin del año.

5. .... el nuevo reglamento, tendremos diez días feriados.

Activity II.

A. In the following sentences, (1) underscore each conjunction, (2) tell what kind of conjunction it is, and, (3) if it is correlative or coordinating, tell what it connects.

1. Both Sue and Al can type fast. ....
2. I was in the office when the phone rang. ....
3. Either Sam or Jerry will work tomorrow. ....
4. We saw Baltimore but not Philadelphia. ....
5. Baseball and football are popular sports. ....
6. If Jan brings her mini-computer, we will all practice on it. ....
7. Ned and Ted are excellent salesmen. ....
8. Although it cost five dollars, it was worth it. ....
9. We were ready when the report was due. ....
10. Our company will soon hire more people, but they will not report for work until September. ....

B. Write ten sentences using each of the following conjunctions. Tell whether the conjunction is used as a coordinating, correlative, or subordinating conjunction.

1. unless   6. because
2. if   7. wherever
3. either-or   8. both-and
4. or   9. until
5. and   10. since

1. ....
2. ....
3. ....
4. ....
5. ....
6. ....
7. ....
8. ....
9. ....
10. ....

Activity III. Identify the interjection in the following sentences by underscoring.

1. "Gosh!" he exclaimed, "Did you see her expression?"
2. Wow! He sold twenty cars this month!
3. Stop! You are going to run into the file cabinet!
4. Ouch! The rubber band broke!
5. Oh, you scared the daylights out of me!

6. Enviaremos .... todos los clientes la circular del mes.
7. Las carpetas están .... el archivero.
8. Ahora que estamos .... colegas es fácil discutir el asunto.
9. No importaremos más petróleo .... Arabia Saudita.
10. Vendieron todos los boletos, ... los más caros.

Actividad IV. Llene el espacio con la interjección más apropiada.

1. ¡ ....! he perdido mi chaqueta en el almacén.
2. Al pie de la escalinata dice: ¡ ....!
3. ¡ ....! ya aumentaron el precio de la gasolina.
4. Del noveno piso del hotel la mujer gritaba ¡ ....!
5. ¡ ....! los ingresos aumentaron el cincuenta por ciento.
6. ¡ ....! ya veo el error en la nómina.
7. ¡ ....! cuántas lavadoras entregaron hoy.
8. La cajera gritaba ¡ ....! me he lastimado un dedo.
9. ¡ ....! Gómez, ¿cómo va el presupuesto?
10. ¿Crees que nos darán una gratificación al fin del año? ¡ ....!

GRABACIÓN

VG: *Libro I, Unidad 8, Actividad I*. Escuche y repita.
VG: Ud. escucha: ¡Qué pedido tan grande!
VG: Ud. dice: ¡Qué pedido tan grande!

1. ¡Dios mío! ¡Cuántos empleados tiene la compañía!
2. ¡Alto!, gritó el guardia.
3. ¡Vamos! dijo la guía encargada del viaje.
4. ¡Ay, ay!, gemía la archivadora cuando se lastimó la mano.
5. La empresa piensa cesar a cien empleados. ¡De veras!
6. Aunque las rentas no aumenten, siempre recibiremos la bonificación.
7. No deseamos ni más dinero ni más trabajo.
8. Si tuviéramos dinero asistiríamos al congreso de secretarias.
9. No sólo fuimos escogidas como representantes, sino que nos halagaron.
10. Rosita y Julia son las nuevas chicas de publicidad.
11. Antes de escribir el informe necesitamos fuentes de información.
12. Según los avisos, todos tendremos vacaciones pagadas.
13. La empresa va hacia un crecimiento admirable.
14. Hasta el mes de diciembre las cartas se archivarán en el despacho del jefe.
15. El Departamento de Personal está en contra del nuevo reglamento.
16. Entre los empleados hay personas de diferentes nacionalidades.
17. Durante el mes de abril las ventas aumentaron un cincuenta por ciento.
18. Desde septiembre a esta fecha hemos enviado 40 paquetes a Sudamérica.
19. Con la excepción de Joaquín, todo el personal del departamento es casado.
20. Los ingresos aumentaron muy poco en el último trimestre del año.

INDEFINITE PRONOUNS, CONTRACTIONS

OBJECTIVES

1. The student will demonstrate the ability to recognize, define, and use indefinite pronouns.
2. The student will demonstrate the ability to recognize, define, and use contractions.

I. INDEFINITE PRONOUNS

Some words are indefinite pronouns since they refer to persons or things **in general.**

a. The following indefinite pronouns are all considered singular. When you use one of them as the subject of a sentence, you must also use a singular verb.

another	either	much	one
anybody	every	neither	other
anyone	everybody	nobody	somebody
anything	everyone	no one	someone
each	everything	nothing	something

Examples: Anyone present **is** expected to help take the inventory.
Everyone **was** asked to report to work early.
Each of the clerks **is** doing a fine job.
One of the salesmen **was** asked to help train the new clerk.

b. Use a singular verb with two singular subjects connected by **either-or** and **neither-nor** since either and neither take singular verbs.

Examples: Neither the bookkeeper nor the supervisor **was** able to find the error.
Either the store manager or the department buyer **is** responsible for the merchandise purchased for resale.

Use a plural verb with two plural subjects connected by **either-or** and **neither-nor.**

Examples: Neither the factory workers nor the office employees **were** working Sunday.
Either coats or suits **are** going on sale Monday.

Use a verb that agrees in number with the subject **closer to it** when both a singular and plural subject are used in the sentence.

Examples: Either the clerk or the customers **are** mistaken.
Neither the employees nor the boss **was** available.

c. The following indefinite pronouns are all considered plural. When you use one of them as the subject of a sentence, you must also use a plural verb.

both	many	others
few	ones	several

Example: Several of the workers **want** copies of the new safety regulations.

ADJETIVOS Y PRONOMBRES INDEFINIDOS:
AFIRMATIVOS Y NEGATIVOS

OBJETIVOS

1. Al terminar la Unidad Número Nueve, el estudiante reconocerá las formas negativas y afirmativas de los pronombres indefinidos.

2. El estudiante reconocerá que estas formas algunas veces hacen la función de adjetivos.

I. LAS PALABRAS AFIRMATIVAS CON SUS CORRESPONDIENTES FORMAS NEGATIVAS:

AFIRMATIVAS	*NEGATIVAS*
alguien, todos	nadie
algo	nada
algún día	nunca, jamás
alguno, -a	ninguno, -a
algunos, -as	ningunos, -as
o . . . o	ni . . . ni
sí	no
también	tampoco

Ejemplos: *Sí,* la compañía *algún* día fabricará *algún* producto nuevo que lo usarán *todos* por *todas* partes.

No, la compañía *nunca* haría *nada* a *nadie* que *no* esté de acuerdo con los reglamentos del gobierno.

Yo *también* tengo una cuenta corriente regular y otra personal.

Yo *tampoco* tengo *ninguna* cuenta corriente regular *ni ninguna* otra.

Yo *no* digo *nunca nada* confidencial a *nadie.*

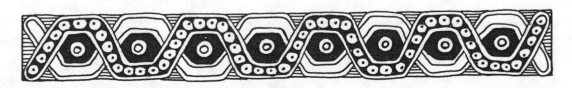

d. A few words can be either singular or plural depending on their use and thus require either a singular or a plural verb.

    all   any   more   none   some

Examples: Any of the cloth that **is** damaged will be exchanged. (singular)
None of the purses **are** marked down for sale. (plural)

II. CONTRACTIONS

a. A contraction is a shortened form of two words. An apostrophe is used to indicate that one or more letters have been omitted. Many contractions consist of **a verb and the shortened form of "not."**

does not — doesn't	was not — wasn't	is not — isn't
do not — don't	has not — hasn't	have not — haven't
cannot — can't	were not — weren't	had not — hadn't

Grammatical errors frequently occur in the careless use of contractions with **pronouns.**

Use the contraction **don't** with the first and second person pronouns, both singular and plural. (I, you, we)

Use the contraction **doesn't** with third person, singular pronouns. (he, she, it)

Use **don't** with the third person, plural pronoun. (they)

Examples: He **doesn't** like to waste time.
You **don't** waste time on the job.
We **don't** have any more materials available now.
I **don't** have it; they **don't** have it either.

BEWARE: **Say This**   **Not This**

Aren't you coming with us?   Ain't you coming with us?
She doesn't want to help.   She don't want to help.
I can hardly wait.   I can't hardly wait.
I ought not go.   I hadn't ought to go.

---

b. A contraction can also consist of **a pronoun and the shortened form of a verb.**

Examples:	I am — I'm		we are — we're
	he is — he's		we will — we'll
	she is — she's		you are — you're
	he will — he'll		you will — you'll
	she will — she'll		they are — they're
	it is — it's		

BEWARE: "They're" should not be confused with the pronoun "their."   **Write This**   **Not This**

It is not **their** fault.   It is not **they're** fault.
They're unable to do it.   **Their** unable to do it.

II. EXPRESIONES O MODISMOS NEGATIVOS:

de ninguna manera

de ningún modo

más que nunca

mejor (peor) que nadie

no . . . más que . . .

ni siquiera

ni yo tampoco

sin hacer nada

Ejemplos: Ella, *mejor que nadie,* sabe los detalles.

No necesito *más que* una copia de cada carta.

De ninguna manera. Nadie debe pasar el día *sin hacer nada.*

VOCABULARY

buyer	— comprador, -ra	merchandise	— mercancía
clerk	— dependiente, oficinista	office employees	— oficinistas
cloth	— género, tela	on sale	— liquidación, venta especial, promoción
coats	— abrigos		
damaged	— dañado	purses	— bolsos, carteras
exchanged	— devuelto, cambiado	resale	— reventa
factory workers	— obreros de fábrica	salesmen	— vendedores, agentes
for sale	— se vende, en venta	suits	— trajes
inventory	— inventario	to purchase	— comprar

ACTIVITIES

Activity I. Conversation. Read the following conversation which takes place in an office.

(M) Manager   **(A) Assistant**

A: I don't know if everybody will be able to attend the meeting this afternoon.

M: Each of the committee members should make a special effort to be here, since there are several projects to be discussed.

A: Neither Mr. James nor Mr. Wilson feels he will be able to get here on time.

M: Then we'll have to ask someone from the Production Department to come. We'll need their ideas.

A: We've asked the Production Supervisor, and she's planning to come in their place.

M: That will be fine. When will the report on scheduling be given?

A: If you don't mind, either the report on scheduling or the one on production will be given last at the meeting. That way, everyone on the committee will remember the problems when the meeting is over.

M: That's a good idea. It doesn't matter to me which one is last.

A: Do you want me to get someone to take minutes of the meeting?

M: Yes, I'd appreciate that. It's convenient to have a copy of what goes on. We'll need somebody who types well.

A: If Sandra isn't back from vacation, and no one from the office staff is available, I'll take them.

M: That isn't your responsibility.

A: I'm happy to help out when needed.

Activity II. TAPE. Listen to the tape and follow the conversation in Activity I as you listen to it. Observe the use of indefinite pronouns, the agreement of subject and verb, and the contractions.

Activity III. Rewrite the following sentences changing the underlined subjects to plurals. Make all changes necessary.

1. Doesn't the **report** have to be finished by Friday? ....
2. If more typing is necessary, **I** don't have time. ....
3. **I'll** need more time to finish the report. ....
4. **You're** to type it at once. ....
5. **He** isn't pleased with the progress of the work. ....

VOCABULARIO

alguien	— someone	nunca	— never
algo	— something	ninguno	— none, no one
algún día	— someday	ni . . . ni	— neither . . . nor
alguno	— some, someone	ni siquiera	— not even
de acuerdo	— in agreement, agreed	ni (yo) tampoco	— (I) don't either
jamás	— never, not ever	reglamentos	— rules, sets of rules
nada	— nothing	sin hacer nada	— without doing anything
nadie	— no one, not anyone	también	— also
negativo	— negative	tampoco	— neither, not either

ACTIVIDADES

Actividad I. CINTA. Escuche la grabación.

Actividad II. Escriba las siguientes oraciones en la forma negativa.

    Modelo: ¿Hay que terminar algún informe para el viernes?
               ¿No hay que terminar ningún informe para el viernes?

1. Estoy segura de que también se terminará para la reunión.

   ----

2. Él también siempre tiene alguna información para añadirle.

   ----

3. Sí, o mañana o pasado tendrá algo para duplicar.

   ----

4. Algún día alguien llamará para reclamar la demora del pedido.

   ----

5. O el señor Quiroga, o el señor Muñoz, va a comunicarse con alguno de la gerencia.

Actividad III. Subraye la forma correcta en las siguientes oraciones.

1. ¿Sabe Ud. (algo — nadie) acerca del asunto?
2. No señor (alguien — nadie) ha contestado la solicitud.
3. (También — Tampoco) ninguno las pasó a máquina.
4. (Alguien — Nadie) dijo nada jamás.
5. A esta hora no hay (jefe y empleados — ni jefe ni empleados) en la oficina.
6. (Algún — Ningún) recado ha llegado que necesite su atención inmediata.

Actividad IV. Traducción. Traduzca al español las siguientes oraciones.

  1. Either John or Mary is to blame. ....

  2. Neither the telephone nor the electricity works. ....

Activity IV. Underline the verb which correctly corresponds to the indefinite pronouns in the following sentences.

1. Neither the purchase order nor the invoice (need, needs) to be checked.
2. Each company (organize, organizes) procedures for inventory control.
3. Either the stock clerk or the shipping clerks (is, are) responsible for the accuracy of the invoice.
4. Few requisition forms from the purchasing department (is, are) processed on Monday.
5. Someone at the receiving docks (accept, accepts) the shipments.

Activity V. Translation. Translate the following sentences to English.

1. O Juan o María tiene la culpa. ....
2. Ni el teléfono ni la electricidad funcionan. ....
3. Por la mañana, cada empleado debe consultar con el gerente. ....
   ....
4. Ambos días, el lunes y el martes, son días ocupados en nuestra oficina. ....
   ....
5. A veces creo que nada se logra durante los últimos diez minutos del día. ....
   ....

TAPE SCRIPT

MV: Book I, Unit 9, Activity II.

This is a conversation between a manager and an assistant. Listen carefully to their conversation.

A: I don't know if everybody will be able to attend the meeting this afternoon.

M: Each of the committee members should make a special effort to be here, since there are several projects to be discussed.

A. Neither Mr. James nor Mr. Wilson feels he will be able to get here on time.

M: Then we'll have to ask someone from the Production Department to come. We'll need their ideas.

A: We've asked the Production Supervisor, and she's planning to come in their place.

M: That will be fine. When will the report on scheduling be given?

A: If you don't mind, either the report on scheduling or the one on production will be given last at the meeting. That way, everyone on the committee will remember the problems when the meeting is over.

M: That's a good idea. It doesn't matter to me which one is last.

A: Do you want me to get someone to take minutes of the meeting?

M: Yes, I'd appreciate that. It's convenient to have a copy of what goes on. We'll need somebody who types well.

A: If Sandra isn't back from vacation, and no one from the office staff is available, I'll take them.

M: That isn't your responsibility.

A: I'm happy to help out when needed.

MV: Turn to Activity I, Unit 9, in your textbook and listen to the conversation again. Note especially the indefinite pronouns and contractions.

3. In the morning, someone should consult the manager. ....

....

4. Tuesdays and Thursdays are never very busy days in our office. ....

....

5. At times I don't think anything is accomplished during the last ten minutes of the day. ....

....

6. Somebody from the staff in our office always helps me when I'm very busy. ....

....

7. Our plant production is better than ever. ....

....

GRABACIÓN

Voz Grabada (VG): *Libro I, Unidad 9, Actividad I.*

> VG: El jefe y su secretaria conversan en el siguiente diálogo.
> VG: Escuche la conversación con atención.

(S) Secretaria   (J) Jefe

VG — S: No sé quién pueda asistir a la reunión de esta tarde.

VG — J: Todos los miembros del comité deberían hacer un esfuerzo especial por presentarse, puesto que hay varios proyectos que discutir.

VG — S: Ni Marta ni el señor Rivera creen poder llegar a la hora. Sin embargo, alguien del Departamento de Producción piensa asistir en su lugar.

VG — J: No importa, con tal que alguno del Departamento de Producción esté presente, ya que se requieren muchas sugerencias de parte de todos.

VG — S: Si no hay inconveniente, o el informe sobre el horario, o el de producción, se presentará en la última parte de la sesión; así, todos los miembros del comité comprenderán los problemas antes de salir de la reunión.

VG — J: Cada una de sus sugerencias es buena.

VG — S: Otra dificultad es que en la oficina de personal no hay ninguno disponible para tomar nota de lo que se discuta durante la sesión. ¿Le parece bien si yo me encargo de tomar el acta?

VG — J: Como a algunos les gustaría saber lo que se ha discutido, se lo voy a agradecer si es que no tiene ningún inconveniente en hacerlo.

VG — S: Me encantaría. O yo tomaré nota, o si Sandra ha regresado de sus vacaciones, ella lo hará sin ningún inconveniente.

VG — J: No es ninguna responsabilidad suya, pero se requiere que alguien que sepa escribir bien a máquina lo haga.

VG — S: Cualquier persona que trate de tener éxito en el empleo debe de ser servicial siempre que sea necesario. Yo lo haré con mucho gusto.

UNIT 10

WORD DIVISION, CAPITALIZATION, PUNCTUATION

OBJECTIVES

1. The student will demonstrate the ability to implement various rules of word division in English sentences.

2. The student will demonstrate the ability to implement various rules of capitalization.

3. The student will demonstrate the ability to recognize, define, and use punctuation marks in English sentences.

I. WORD DIVISION

When typing, it is sometimes necessary to divide a word at the right-hand side of the paper when there is not room to complete it on the same line. If a fairly even right margin is maintained, your completed work has a more attractive appearance.

There are a number of rules you can follow when it is necessary to divide a word.

a. Do not divide a word unless it is absolutely necessary. When in doubt concerning the correct place to divide a word, always consult a dictionary. The dictionary shows the word's syllabication, and you can only divide between syllables.

Wrong: sa-le	**Right:** sale
qu-ick	quick
co-ntract	con-tract

b. Do not divide a word of four or five letters. Since at least two letters should remain on the first line and the hyphen takes up a third space, it is better to complete the word on the same line.

Wrong: a-bout	**Right:** about
un-til	until

c. Never separate a one-letter syllable from the remainder of the word.

Wrong: a-round	**Right:** around
e-conomy	econ-omy

d. Always carry at least three letters to the second line.

Wrong: exceptional-ly	**Right:** exception-ally
develop-ed	devel-oped

e. A compound word (a combination of two words) is divided between the two words.

Wrong: salesper-son	**Right:** sales-person
ever-yday	every-day

f. If the final consonant is doubled to add a suffix to a word, divide the word after the word root.

Wrong: referr-ing	**Right:** refer-ring
controll-ing	control-ling

SILABEO, ACENTUACIÓN, MAYÚSCULAS, PUNTUACIÓN

OBJETIVOS

1. Al terminar la Unidad Número Diez, el estudiante reconocerá el uso de las mayúsculas y de las minúsculas.

2. El estudiante sabrá todos los signos de puntuación y su uso correcto.

I. EL SILABEO

A. *La sílaba* es una o varias letras que se pronuncian en una sola emisión de la voz.

Cada sílaba se puede pronunciar por separado, lo cual resulta en el silabear de las palabras, así: mecanografía se divide en: me/ ca/ no/ gra/ fí/ a

B. *Las vocales son fuertes o débiles.* Las débiles se convierten en fuertes al acentuarlas ortográficamente (').

    Vocales fuertes: a, e, o
    Vocales débiles: i, u
    Vocales débiles convertidas en fuertes: actúa, taquigrafía.

II. LA ACENTUACIÓN

A. Son *agudas* las palabras que llevan el acento prosódico en la última sílaba. Éstas terminan en consonante con excepción de la *n* y *s*.

    señor — se/ñor
    director — di/rec/tor
    internacional — in/ter/na/cio/nal

B. Son *llanas* las palabras que llevan el acento prosódico en la penúltima sílaba. Éstas terminan en vocal (a, e, i, o, u) o en la consonante *n* o *s*.

    negocio — ne/go/cio
    empresa — em/pre/sa

C. Son *esdrújulas* las palabras que llevan el acento ortográfico en la antepenúltima sílaba.

    público — pú/bli/co
    simpático — sim/pá/ti/co
    médico — mé/di/co

g. A word is usually divided at the suffix or prefix, if there is one.

> **Wrong:** sus-taining   **Right:** sustain-ing
> des-erve   de-serve

h. In business letters, avoid dividing a name if at all possible. A long name could be divided before the surname. Never separate initials or a title from the rest of the name.

> **Wrong:** Mr. R. J. - Schmidt   **Right:** Mr. R. J. Schmidt
> Dr. - Bill Bates   Dr. Bill Bates
> Harrison Olson, - Jr.   Harrison Olson, Jr.

i. If a date must be divided, the day should remain on the same line as the month. It is not advisable to divide a street number from the street name or a Zip Code from the state.

> **Wrong:** February - 21, 19—   **Right:** February 21, - 19—
> 348 - Marquette Street   348 Marquette - Street
> St. Louis, MO - 63118   St. Louis, - MO 63118

II. CAPITALIZATION

There are numerous rules you can follow for capitalization. Listed below are some of the more common rules.

a. Always capitalize the first word of a sentence whether it is a statement, a question, or an exclamation.

> **Examples:** I hope to become a bilingual receptionist.
> What career do you plan to follow?
> That is a wonderful idea!

b. The personal pronoun "I" is always capitalized.

> **Example:** Tomorrow, I will send the messages by telex.

c. Names of specific persons, places, or things are capitalized.

> **Examples:** Mr. Wayne Larsen   New York   Disneyland

d. Days and months are always capitalized.

> **Examples:** Monday   Sunday   January   Friday, August 13

e. Holidays are capitalized in English. Some of the common holidays in the United States are: New Year's Day, Easter, Memorial Day, Fourth of July (Independence Day), Labor Day, Veterans' Day, Thanksgiving, Christmas.

f. Titles of specific individuals are capitalized.

> **Example:** Carlos Romero, the Vice-President of our company, visited my office today.

g. Major words in the salutation of a business letter and the first word in the complimentary closing are capitalized.

> **Examples:** Ladies and Gentlemen: Very truly yours,
> My dear Sir: Sincerely yours,
> Dear Mr. Soto: Cordially yours,

h. Each main word in the titles of books, magazines, plays, movies, etc., are capitalized.

> **Examples:** **U.S. News and World Report**
> **One Hundred Years of Solitude**

D. Son *sobreesdrújulas* las palabras que llevan el acento ortográfico en una sílaba anterior a la antepenúltima.

   díctemela   envíemelas

E. El *acento agudo* (')

  1. Distingue el significado de las palabras que se deletrean igual.

    el — él/ si — sí/ tu — tú/ de — dé/ te — té/ se — sé

  2. Se emplea con palabras interrogativas y exclamativas.

    ¿Qué? — ¡Qué!
    ¿Cómo? — ¡Cómo!

III. LAS MAYÚSCULAS

A. Se escribe con mayúsculas *la letra inicial* de un párrafo o después del punto (.).

B. *Después de los dos puntos* (:), a continuación de un vocativo.

   Mi querido Ignacio: Te escribo para . . .

C. Los *nombres, apellidos* y *apodos* llevan mayúscula.

   Guadalupe Martínez. La llaman "Lupita".

D. Las *abreviaturas* como Sr. (señor), Sra. (señora), Srta. (señorita), D. (don), Da. (doña), Ud. (usted), Uds. y Vds. (ustedes) se escriben con mayúscula.

E. Los sustantivos y adjetivos que componen el *nombre de una institución* van con mayúscula.

   Congreso de Diputados

F. En cuanto al *título de una obra*, la tendencia actual es escribir con mayúscula sólo la letra inicial.

   Instrucción bilingüe comercial

G. *En documentos* suelen escribirse con mayúscula todas las palabras oficiales que expresan poder político, dignidad o cargo importante.

   Estado, Gobierno, Ministro, Presidente, Justicia, Diputado.

H. En la fecha de las cartas suelen escribirse, ya sea con mayúscula o con minúscula, los nombres de los meses.

   20 de Enero de 19—   15 de enero de 19—

IV. LA PUNTUACIÓN

Los signos de puntuación más importantes son:

A. (. *punto*) Es la puntuación final de la oración.

   Una persona puede hacer tres tipos de depósitos.

III. PUNCTUATION

The major punctuation marks are: period (.), question mark (?), exclamation point (!), comma (,), semicolon (;), colon (:), and apostrophe (').

a. The period is used after a complete sentence which states a fact, after abbreviations and after initials. A period, called a decimal point, is used in amounts of money to separate dollars and cents.

Examples: I have computed the payroll for this week.
The package will be sent c.o.d.
Mr. L. B. Little's paycheck had $51.15 in deductions.

b. The question mark is used after a sentence which asks a question.

Example: Will I be paid for working overtime today?

c. The exclamation point is used after a phrase or sentence which is very emphatic or shows strong emotion.

Example: Oh, no! I lost my paycheck!

d. Commas are used for pauses in sentences. These pauses are especially important when speaking aloud as they help to clarify the meaning of the sentence. Commas are most frequently used:

— After an introductory word, phrase, or clause —
Example: In the meantime, I will try to be more careful.

— To set a word or phrase apart from the main sentence —

Example: I have often said, however, that carelssness can be overcome.

— To separate words, phrases, or clauses used in a series —

Example: I will go to the bank, cash my check, and deposit my earnings.

— To show two words or groups of words in apposition; that is, named in two different ways —

Examples: My boss, Pauline Baldwin, asked me to handle this matter.
Today's newspaper, The National Gazette, had many job opportunities listed.
On Friday, July 30, I will receive a raise.

— To set off dependent clauses from the main clause of the sentence. Dependent clauses often begin with the words **if, as, when, although, after,** etc. — (See page 114).

Examples: If you are not pleased with your raise, talk to your boss.
After I saw my paycheck, I knew I had done a good job.

NOTE: Do not use a comma to separate a dependent clause from the rest of the sentence if the dependent clause comes at the **end** of the sentence.

I knew I had done a good job after I saw my paycheck.

— To separate two independent clauses connected by a conjunction —

Example: We knew we would receive a raise for good work, and we were right.

— To show the omission of words —

Examples: Deposit your paycheck in the bank for a quick, easy way to save. (**and** omitted)
Last month my paycheck was $550; this month, $525. (**my paycheck was** omitted).

1. (. *punto y seguido*) Es la puntuación entre conceptos relacionados.

Una persona puede hacer tres tipos de depósitos en el banco. Puede depositar dinero en la cuenta de ahorros, en la cuenta corriente o en la caja de seguridad.

2. (. *punto y aparte*) Separa conceptos que no tienen relación inmediata con lo escrito anteriormente.

Una persona puede hacer tres tipos de depósito en el banco.

La compañía tiene por objeto facilitar las operaciones de comercio.

B. (, *coma*) La coma separa:

1. La ciudad y el país.

Oaxaca, México.   Buenos Aires, Argentina.

2. La enumeración de conceptos o palabras.

Los tres depósitos que una persona hace en el banco son: en la cuenta de ahorros, en la cuenta corriente y en la caja de seguridad.

3. Ciudad y fecha.

Bogotá, 23 de julio de 19—

4. Los conceptos introductorios.

Por supuesto, este servicio es gratuito.

5. Partes (cláusulas) principales y secundarias.

Cuando un préstamo se paga a plazos mensuales uniformes, el tipo de interés resulta ser el doble del establecido.

6. La aposición: dos o más sustantivos sin conjunción de por medio.

El señor Luis Jiménez, gerente de la Agencia de Viajes Aztlán, podría recomendarle la mejor tarifa.

C. (; *punto y coma*) Se usa entre cláusulas cuando se omite la conjunción.

Las cooperativas rinden servicios; los beneficios se distribuyen entre los socios.

Entre dos cláusulas independientes cuando las separa un adverbio como *por eso, sin embargo, o sea, es decir, a medida que, según,* etc.

No me presenté en mi empleo; *por eso* el cheque indica una rebaja.

D. (: *dos puntos*) Se emplean así:

Después del saludo de una carta.

Muy estimados señores: Mi queridísima amiga:

Ante una cita.

El telegrama dice así: "Pedido García llega vía Avianca Vuelo 251".

E. (. . . *puntos suspensivos*) Indican algunas líneas omitidas.

Entréguese . . . pero . . . ¿cómo llegaría más directamente?

NOTE: An **independent** clause, or simple sentence, is the main thought in a **complex** sentence and has both a subject and a verb; it can stand alone and make sense. A **dependent** clause does not express a complete thought and requires an independent clause to complete its meaning. A dependent clause cannot stand alone and make sense.

After I received my paycheck. (dependent clause only: incomplete sentence)

After I received my paycheck, I deposited it in the bank. (dependent + independent clause; complete complex sentence)

— After a complimentary closing in a business letter —

Examples: Very truly yours, Yours truly, Sincerely yours,

e. The semicolon is used between two independent clauses not joined by a conjunction. Remember: two independent clauses connected by a conjunction require a comma.

Example: I use my salary for living expenses; I also use it for entertainment and savings.

The semicolon is also used between two independent clauses when they are separated by an adverb such as **therefore, however, namely, accordingly,** etc. Use a semicolon before the adverb and a comma immediately after it.

Example: I had been ill the previous two weeks; therefore, my paycheck showed a reduction.

f. The colon is used before an enumeration. It is also used in the business world after the salutation of a letter and to denote the hour and minute in time.

Examples: The shifts at the factory will begin at the following times: 8:00 a.m., 4:30 p.m., 12:30 a.m.

Ladies and Gentlemen: Dear Miss Corona:

g. The apostrophe is used to form possessives.

Examples: the man's salary   a good day's work   the employees' rights

The apostrophe is also used for contractions and to form plurals of numbers and symbols. It is better business practice, however, to write numbers and symbols out completely.

Examples: don't   I'll   7's   *'s $'s
            do not   I will   sevens   asterisks   dollars

VOCABULARY

advertisement	— aviso, anuncio	payroll	— nómina, planilla
c.o.d., cash on delivery	— cobrar a su entrega	raise	— aumento
complimentary closing	— despedida	salary	— sueldo, salario
cordially	— muy atentamente	salutation	— saludo
deductions	— deducciones	savings	— ahorros
earnings	— ganancias, sueldo	shift	— turno, tanda
economy	— economía	sincerely	— atentamente
initials	— iniciales	specific	— específico, particular
living expenses	— gastos cotidianos	surname	— apellido
overtime	— horas extras de trabajo	to compute	— calcular
paycheck	— cheque (sueldo)	to denote	— indicar, denotar
		zip code	— zona postal

F. (¿? *interrogación*) Hace preguntas.

¿Aumentarán los sueldos?

G. (¡! *admiración*) Indica sorpresa, emoción, ironía, intensidad.

¡Qué idea más estupenda!

H. (*paréntesis*) Amplía el significado o aclara.

La calculadora ha costado setenta ($70.00) dólares.

I. (" " *comillas*) Indican una cita de texto ajeno.

"Al comenzar la carrera Margarita tenía unos veinte años".

Indican títulos cuando no se escriben con letra distinta a la del resto del contexto.

Recientemente Mario García ha escrito "Manual para comercio bilingüe".

J. (·· *diéresis*) Se coloca sobre la "u" (ü) para darle sonido en -güe, -güi.

Por favor averigüe usted si Santiago es bilingüe.

K. (— *guión mayor*) Indica el cambio de personas que participan en un diálogo.

—Buenos días, señorita. ¿Ha llegado el correo?
—Sí señor. Aquí lo tiene usted.
—Gracias, señorita.

L. (- *guión menor*) Divide las sílabas de una palabra al final de renglón al agotarse el espacio.

M. (* *asterisco*) El asterisco le indica al lector que pase al fondo de la página para enterarse de alguna explicación.

VOCABULARIO

agotarse	— to run out	fecha	— date
ahorros	— savings	fondo	— bottom (page)
ajena	— another's	fuerte	— strong
ampliar	— to extend	lector	— reader
antepenúltima	— next to last	mayúscula	— capital letter
aumentar	— to increase	plazos	— installments
averiguar	— to inquire	prosódico	— prosodic (meter
caja de seguridad	— safe deposit box		& versification)
cita	— quotation	rendir	— to render
colocar	— to place	silabeo	— syllabication
corriente	— current	taquigrafía	— shorthand
débil	— weak	último	— last
doble	— double	vocativo	— that indicates
enterarse	— to find out		person addressed
entregar	— to deliver		

ACTIVITIES

Activity   I. A. Fill in the necessary periods, question marks, and exclamation points in the following sentences.

1. Will you be applying for a job after you finish college
2. My career in business is something I have anticipated for several years
3. I got the job, yipee
4. My position as a bilingual secretary, working for Ms Niles, is very rewarding
5. When do you plan to look for employment

B. Fill in the necessary commas, colons, semicolons, and apostrophes in the following sentences.

1. After you finish college will you be applying for a job?
2. My employer Mr. James West asked me to have the material ready for him by Monday August 17 19—.
3. I would pursue a career as a bilingual secretary but I dont know shorthand.
4. Of course I could go to business college and learn shorthand.
5. I would have to work very hard however to learn shorthand well.
6. My brother said he would like to be a salesperson an accountant or a lawyer.
7. My position is that of a bilingual clerk it is very rewarding work.
8. I dont know if I can complete all of the following tasks by 5 00 p.m. sort the mail file the correspondence type the daily report and answer incoming telephone calls.
9. Everyone wants to succeed at his job therefore you should do a good days work.
10. Youre due at work at 8 00 a.m. youll have to hurry.

Activity II. Supply the missing punctuation in the following paragraph.

Have you ever operated an electronic calculator If not let me give you some information First of all there are three things you should do when operating any calculating machine read the operation manual be accurate in entering all numbers and check your work carefully upon completion The new electronic calculators operate at a smooth rapid speed In fact numbers that are entered too fast are "stored" an electronic impulse clears them for printing in the same order in which they were stored The electronic calculator keyboard identical to a standard ten-key adding machine keyboard is easy to operate by touch There are a number of special keys in addition to the number keys namely there is a total key a subtotal key a memory key a clear key etc The electronic calculator is used for addition and subtraction and it can also be used for multiplication and division It is possible on many models of course to keep or store numbers in the memory this prevents reentering the same number repeatedly For specific instructions and drills refer to the book **Electronic Calculating Machines** Good luck I know you can learn to operate an electronic calculator rapidly and easily

Activity III. TAPE. Listen to the tape for Unit 10. The master voice will supply the missing punctuation for Activity II. Listen closely to see if your answers are correct.

Activity IV. Capitalize all necessary words in the following sentences.

1. i hope to pursue my career in san juan, puerto rico.

----

2. will mrs. landon, the personnel director, interview bruce for the job?

----

3. in tomorrow's newspaper, the florida daily star, i will check the advertisements for job openings.

ACTIVIDADES

Actividad I. Escriba los signos de puntuación en las siguientes oraciones.

A. 1. Marcos solicitará empleo después de recibirse de la universidad
   2. Una carrera en comercio es lo que he anticipado hace varios años
   3. Albricias Me han aceptado para el empleo
   4. Trabajar para el Sr Láres como secretaria bilingüe es mi sueño dorado
   5. Cuándo piensas salir a buscar un empleo

B. Escriba dos puntos (:), punto y coma (;), o coma (,) según convenga en las siguientes oraciones.

   1. Trabajar como dependiente bilingüe es un oficio que da mucha satisfacción.
   2. No estoy segura de poder terminar las siguientes responsabilidades para las 5 00 de la tarde separar el correo, archivar la correspondencia, pasar a máquina el informe del día y contestar las llamadas telefónicas.
   3. Todos quieren lograr éxito en el empleo así es que deben cumplir bien con el trabajo diario.
   4. Debe llegar a su empleo a las 8 00 tendrá que darse prisa.
   5. Tendría que trabajar muchísimo sin embargo para aprender la taquigrafía bien.

Actividad II. Escriba los signos de puntuación apropiados en el siguiente párrafo.

Ha hecho funcionar jamás una calculadora electrónica Si no lo ha hecho permítame darle alguna información Primero hay que seguir tres recomendaciones al hacer funcionar cualquier calculadora lea el manual que explica su funcionamiento sea exacto al registrar todos los números y revise su trabajo con mucho cuidado al terminar Las nuevas calculadoras electrónicas funcionan a una velocidad suave rápida Es más los números que se registran demasiado rápido se acumulan un impulso electrónico los borra para imprimirlos en el mismo orden en el cual se acumularon El teclado de la calculadora electrónica idéntico al teclado de una sumadora modelo de diez teclas funciona fácilmente al toque Hay varias teclas especiales además de las teclas numeradas es decir que hay una tecla que suma una tecla que da el subtotal una tecla que borra etc La calculadora electrónica se usa para sumar y restar y se puede usar para multiplicar y dividir Es posible por supuesto que en muchos modelos se acumulen o registren los números en memoria esto evita el tener que volver a registrar los números repetidas veces Para las instrucciones y ejercicios refiérase al manual *Calculadoras electrónicas* Buena suerte Sé que aprenderá a funcionar una calculadora electrónica rápida y fácilmente.

Actividad III. CINTA. Escuche la grabación con mucha atención. La voz grabada le indicará la puntuación apropiada de la Actividad II.

Actividad IV. Escriba con mayúscula las palabras que así lo requieran.

   1. yo espero seguir mi carrera en san juan, puerto rico.

   ----

   2. ¿el sr. valdés, director de personal, entrevistará a arturo para el empleo?

   ----

   3. revisaré los anuncios de las plazas abiertas en el periódico matutino *el tiempo*.

   ----

4. the president of the company said i would know by thursday, april 24, if i have the job.

    ....

5. have you ever visited los angeles, san francisco, or san diego?

    ....

Activity V. Consult your rules and a dictionary, and indicate where each of the following words would be divided if it came at the end of a line of typing.

career	....	daily	....
itinerary	....	decreased	....
payroll	....	budget	....
salary	....	creditor	....
salutation	....	management	....
deposit	....	check	....
compute	....	value	....
economy	....	stockholders	....
overtime	....	Mrs. Ann Bennette	....
business	....	David Rodgers, Jr.	....
profit	....	Tuesday, May 17	....
wages	....	July 12, 19—	....
items	....	sharing	....
unit	....	8119 River Avenue	....
trend	....	information	....

TAPE SCRIPT

MV: Book I, Unit 10, Activity III.

Listen carefully to the following paragraph. I will indicate the missing punctuation. Check your work in Activity II.

Have you ever operated an electronic calculator (question mark) If not (comma) let me give you some information (period) First of all (comma) there are three things you should do when operating any calculating machine (colon) read the operation manual (comma) be accurate in entering all numbers (comma) and check your work carefully upon completion (period) The new electronic calculators operate at a smooth (comma) rapid speed (period) In fact (comma) numbers that are entered too fast are "stored" (semicolon) an electronic impulse clears them for printing in the same order in which they were stored (period) The electronic calculator keyboard (comma) identical to a standard ten-key adding machine keyboard (comma) is easy to operate by touch (period) There are a number of special keys in addition to the number keys (semicolon) namely (comma) there is a total key (comma) a subtotal key (comma) a memory key (comma) a clear key (comma) etc (period) The electronic calculator is used for addition and subtraction (comma) and it can also be used for multiplication and division (period) It is possible on many models (comma) of course (comma) to keep or store numbers in the memory (semicolon) this prevents reentering the same number repeatedly (period) For specific instructions and drills (comma) refer to the book (comma) **Electronic Calculating Machines** (period) Good luck (exclamation mark) I know you can learn to operate an electronic calculator rapidly and easily (period)

4. el presidente de la compañía me ha dicho que él sabrá para el jueves 24 de abril si yo consigo la plaza. ....

....

5. ¿ha visitado los ángeles, san francisco o san diego? ....

....

Actividad V. Suponga Ud. que al escribir las siguientes palabras se le agota el espacio al final del renglón, ¿cómo dividiría cada palabra de la lista? Consulte el diccionario y los reglamentos si hace falta.

1. carrera	13. diariamente ....
2. nómina	14. disminuir ....
3. sueldo	15. presupuesto ....
4. saludo	16. acreedor ....
5. depósito	17. administración ....
6. compute	18. dependiente ....
7. economía	19. cheque ....
8. extraordinarias	20. valor ....
9. empresa	21. accionista ....
10. ganancia	22. Sra. Ana Benítez ....
11. salario	23. Benjamín Valles, hijo ....
12. artículos	24. martes, 17 de mayo ....

GRABACIÓN

VG: *Libro I, Unidad 10, Actividad III.*

VG. Escuche con atención el siguiente párrafo; la grabación le indicará la puntuación apropiada de la Actividad II. Revise su trabajo.

VG: (se abre una interrogación) Ha hecho funcionar jamás una calculadora electrónica (interrogación) Si no lo ha hecho (coma) permítame darle alguna información (punto) Primero (coma) hay que seguir tres recomendaciones al hacer funcionar cualquier calculadora (dos puntos) lea el manual que explica su funcionamiento (coma) sea exacto al registrar todos los números y revise su trabajo con mucho cuidado al terminar (punto) Las nuevas calculadoras electrónicas funcionan a una velocidad suave (coma) rápida (punto) Es más (coma) los números que se registran demasiado rápido se acumulan (punto y coma) un impulso electrónico los borra para imprimirlos en el mismo orden en el cual se acumularon (punto) El teclado de la calculadora electrónica (coma) idéntico al teclado de una sumadora modelo de diez teclas (coma) funciona fácilmente al toque (punto) Hay varias teclas especiales además de las teclas numeradas (punto y coma) es decir (coma) que hay una tecla que suma (coma) una tecla que da el subtotal (coma) una tecla que borra (coma) etc (punto) La calculadora electrónica se usa para sumar y restar (punto y coma) y se puede usar para multiplicar y dividir (punto) Es posible (coma) por supuesto (coma) que en muchos modelos se acumulen o registren los números en memoria (punto y coma) esto evita el tener que volver a registrar los números repetidas veces (punto) Para las instrucciones y ejercicios refiérase al manual (coma) *Calculadoras electrónicas* (punto) (se abre una admiración) Buena suerte (se cierra la admiración) Sé que aprenderá a funcionar una calculadora electrónica rápida y fácilmente (punto)

UNIT 11

NUMBERS, TIME, DATES

```
┌─────────────────────────────────────────────────────────────────────┐
│  OBJECTIVES                                                           │
│  1. The student will demonstrate the ability to recognize, define,   │
│     and use ordinal and cardinal numbers.                            │
│  2. The student will demonstrate the ability to define and use       │
│     periods of time.                                                 │
│  3. The student will demonstrate the ability to recognize, use,      │
│     and write dates.                                                 │
└─────────────────────────────────────────────────────────────────────┘
```

I. NUMBERS

Cardinal numbers can be expressed as either words or figures:

1 — one	12 — twelve	23 — twenty-three
2 — two	13 — thirteen	30 — thirty
3 — three	14 — fourteen	40 — forty
4 — four	15 — fifteen	50 — fifty
5 — five	16 — sixteen	60 — sixty
6 — six	17 — seventeen	70 — seventy
7 — seven	18 — eighteen	80 — eighty
8 — eight	19 — nineteen	90 — ninety
9 — nine	20 — twenty	100 — one hundred
10 — ten	21 — twenty-one	200 — two hundred
11 — eleven	22 — twenty-two	300 — three hundred

1,000 — one thousand   100,000 — one hundred thousand

1,000,000 — one million

Ordinal numbers can also be expressed in two different ways when written:

1st — first	7th — seventh	13th — thirteenth
2nd — second	8th — eighth	14th — fourteenth
3rd — third	9th — ninth	15th — fifteenth
4th — fourth	10th — tenth	16th — sixteenth
5th — fifth	11th — eleventh	17th — seventeenth
6th — sixth	12th — twelfth	etc.

Throughout the business world, and in business letters and reports, numbers are usually expressed in **figures** rather than in words. Arabic numerals or figures are also used more prevalently than Roman numerals in business.

Arabic numerals: 1, 2, 3, 4, 5, 6, 7, 8, 9, 10, etc.

Roman numerals: I, II, III, IV, V, VI, VII, VIII IX, X, etc.

I = 1   V = 5   X = 10   L = 50   C = 100   D = 500   M = 1,000

NÚMEROS, HORA Y FECHA

> **OBJETIVOS**
>
> 1. Al terminar la Unidad Número Once, el estudiante sabrá expresar la hora y la fecha.
> 2. El estudiante conocerá el uso apropiado de los números.

I. *NÚMEROS*

A. Los *números cardinales* se expresan: o en palabras, o en cifras.

1 — uno	13 — trece	30 — treinta
2 — dos	14 — catorce	40 — cuarenta
3 — tres	15 — quince	50 — cincuenta
4 — cuatro	16 — dieciséis	60 — sesenta
5 — cinco	17 — diecisiete	70 — setenta
6 — seis	18 — dieciocho	80 — ochenta
7 — siete	19 — diecinueve	90 — noventa
8 — ocho	20 — veinte	100 — ciento (cien)
9 — nueve	21 — veintiuno	200 — doscientos, -as
10 — diez	22 — veintidós	300 — trescientos, -as
11 — once	23 — veintitrés	400 — cuatrocientos, -as
12 — doce	24 — veinticuatro	

> **¡ojo!** Del 30 en adelante, decenas y unidades se escriben separadas: treinta y uno, etc.

500 — quinientos, 600 — seiscientos, 700 — setecientos, 800 — ochocientos, 900 — novecientos

1,000 — mil   100,000 — cien mil   1,000,000 — un millón   100,000,000 — cien millones

> **¡ojo!** En el sistema de los Estados Unidos un billón equivale a mil millones (1,000,000,000); mientras que en el sistema Europeo un billón equivale a un millón de millones (1,000,000,000,000).

$1,000,000,000 — un billón de dólares (sistema de los Estados Unidos).
DM2,000,000,000,000,000 — dos billones de marcos (sistema europeo).

Some rules you should be familiar with when working with numbers in business or when writing in English are listed below.

a. If a number appears as the first word of a sentence, it should be written as a **word,** not as a **figure.** It is often better to rearrange the sentence so that the number does not come first.

Examples: Three customers came into the store at the same time.
We sold 529 books.

b. Amounts of money are written as **figures.**

Examples: We sent the company a bill for $515.35.
The party of the first part agrees to pay five thousand six hundred dollars ($5,600).
My cash drawer was short by 17 cents.

Exceptions: (1) Some legal documents give amounts of money in both words and figures.
(2) Amounts of money under $1 are written with a figure and the word **cents.**

c. The number of a street address is always expressed in **figures.**

Example: I live at 613 Hercules Street.
(Not: I live at six hundred thirteen Hercules Street.)

Exception: The address "one" is always written as a word.
One E. Walnut Street.

d. Traditionally, street names from one to ten are expressed as **words.** Street names over ten are written as **figures.**

Examples: The address of the new company is 2200 W. Eighth St.
We wrote the address incorrectly as 5660 E. 19 Street.

> NOTE: This can also be written as 5660 E. **19th** Street. In **either** case, the street name should be pronounced "nineteenth" when speaking.

e. Decimals, mixed fractions, page numbers, temperatures, telephone numbers, and serial numbers are expressed in **figures.**

Examples: 3.045 cm   32° Celsius
6 3/16   Telephone No. (602) 327-4456
Page 392   Invoice #90831

Percentages should be written as a numeral with the word "percent" within the body of a letter or report.

Example: 100 percent

f. Although numbers over ten are usually expressed in figures in business correspondence and reports, large round numbers and approximate numbers are written as **words.**

Examples: About **fifteen** errors were found in the annual report.
Almost **one third** of the group resigned.
There were **seven thousand** participants in our survey.

II. TIME

a. The period of time from midnight until noon is called morning. This is expressed by the abbreviation **a.m.,** which stands for "ante meridiem." Time from noon until midnight is expressed by

B. Los *números ordinales,* como los adjetivos, también tienen género masculino o femenino y número singular o plural; se expresan en dos maneras al escribirse:

primero(a)	— 1°	séptimo(a)	— 7°	decimotercero(a)	— 13°
segundo(a)	— 2°	octavo(a)	— 8°	decimocuarto(a)	— 14°
tercero(a)	— 3°	noveno(a)	— 9°	decimoquinto(a)	— 15°
cuarto(a)	— 4°	décimo(a)	— 10°	decimosexto(a)	— 16°
quinto(a)	— 5°	undécimo(a)	— 11°	decimoséptimo(a)	— 17°
sexto(a)	— 6°	duodécimo(a)	— 12°	decimoctavo(a)	— 18°
				decimonoveno(a)	— 19°

20 — vigésimo, 30 — trigésimo, 40 — cuadragésimo, 50 — quincuagésimo, 90 — nonagésimo

C. *En la correspondencia e informes* del mundo comercial los números se expresan en cifras, no en palabras. Los números arábigos son más comunes que los romanos.

Números arábigos: 1, 2, 3, 4, 5, 6, 7, 8, 9, 10
Números romanos: 1, II, III, IV, V, VI, VII, VIII IX, X

D. Existen algunas *reglas para el uso de los números.*

1. Se escribe la palabra de la cifra si ésta inicia la oración.

   Ejemplo: Dos empleados se van a trasladar a otra sucursal. Y no,
   2 empleados se van a trasladar a otra sucursal.

2. Una cantidad monetaria se expresa en cifras con algunas excepciones:

   a. Algunos documentos legales expresan la cantidad monetaria en ambas: cifras y palabras.

   Ejemplos: Le hemos enviado a la compañía la cuenta por *$515.35* (Quinientos quince dólares y treinta y cinco centavos).

   El señor Luis Herrera, arrendatario, conviene en pagar *cinco mil seiscientos dólares* ($5,600.00) al año.

   b. Una cantidad monetaria menor de $1.00 se escribe en cifras, más la palabra centavos.

   Ejemplo: La caja para gastos menores está *17 centavos* baja.

3. La dirección o domicilio se expresa siempre en números.

   Ejemplo: Vivo en la Avenida Gabriela Mistral *#36.*

4. Los nombres de la calles cuyo nombre es el *uno, dos, tres,* etc. hasta el diez, se deletrean.

   Ejemplo: Las oficinas de la General Electric ubican en la Avenida *Quinta,* Calles 11/13, *Décimo* piso.

5. Se expresan en números los siguientes: *porcentajes, decimales, numeración de: páginas, teléfonos y series.*

   Ejemplos: 6 1/2%   Teléfono 32-11-58
   3.045 cm.   Factura N° 8931

6. Con frecuencia se deletrean los números de aproximaciones.

   Ejemplo: Había *aproximadamente quince* errores en el informe anual.

an abbreviation **p.m.,** which stands for "post meridiem." If **a.m.** and **p.m.** are typed in lower case (small) letters, do not space after the periods; if they are typed in capital letters, space once after the periods. **Figures** are always used with a.m. and p.m.

Examples: 8:30 a.m.   12:15 p.m.   4:00 P. M.   9:00 A. M.

NOTE: Never use a.m. or p.m. with 12:00. It should be stated as 12 **noon** or 12 **midnight.**

---

b. When indicating time, use a colon to separate the hours and minutes.

Examples: 12:30 a.m.   3:45 p.m.   1:55 p.m.   6:18 A. M.

c. If the word "o'clock" is used to express time, the hour should be written as **a word.**

Example: I start work at eight o'clock every morning.

d. Time can be referred to in several ways when speaking.

3:45 can be referred to as	**three forty-five** or **a quarter to four** or **fifteen minutes to four**
3:40 can be referred to as	**three forty** or **twenty minutes to four**
6:55 can be referred to as	**six fifty-five** or **five minutes to seven**
Fifteen minutes after the hour (5:15) is often referred to as	**a quarter past five**
The half hour (7:30) is referred to as	**seven thirty** or **half past seven**

III. DATES

Dates are used continually in business. You should be familiar with the correct way to write dates in business letters and the correct way to pronounce them.

a. The month, day, and year is the most common order for dates. The day is written as a cardinal figure.

Examples: September **12,** 19—; July **17,** 19—; April **1,** 19—.

BEWARE:	**Say This**	**Not This**
Dates are pronounced as **ordinal** numbers, not **cardinal** numbers.	September twelfth July seventeenth April first	September twelve July seventeen April one

II. LA HORA

A. La hora del día se expresa con el verbo *ser* (*es, son* y *era, eran*). La abreviatura a.m. (antes meridiano) y p.m. (pasado meridiano) también se puede escribir con mayúsculas: A.M., P.M.

Ejemplos: PRESENTE

¿Qué hora *es*?

(12:50 p.m.) *Es* la una de la tarde menos diez.

Faltan diez minutos para la una.

Son las 13 horas menos diez minutos.

(2:45 P.M.) *Son* las tres de la tarde menos un cuarto.

(9:00 P.M.) *Son* las nueve de la noche.

Son las veintiuna horas.

(12:00 P.M.) *Es* el mediodía.

PASADO

¿Qué hora *era*?

(1:10 a.m.) *Era* la una de la mañana y diez minutos.

Habían pasado diez minutos después de la una de la mañana.

(1:45 A.M.) *Eran* las dos de la mañana menos un cuarto.

(8:30 P.M.) *Eran* las ocho y media de la noche.

Eran las veinte horas con treinta minutos.

(12:00 A.M.) *Era* la medianoche.

B. La hora específica lleva la palabra "de" después de la hora; de otra manera lleva "por".

Ejemplos: —¿*A qué hora* llega el jefe a la oficina?
—*Llega a las nueve* menos cuarto *de* la mañana.
—Su primer cliente llega hoy *por* la tarde.

> **¡OJO!** ¿*A* qué hora . . .?　　　　　*A* las nueve.

III. FECHAS

A. Toda índole de *datos, informes* y *cartas* llevan la fecha. Ésta se expresa en números cardinales con dos excepciones: el primer día del mes y el último día del mes o del año.

Ejemplos: 1. ¿A cuántos estamos hoy? Estamos a *23* de julio de *19—*.
2. ¿Cuál es la fecha de hoy?
Es el *primero* de agosto. No, es el *último* de agosto de 19—.

> **¡OJO!** En español siempre se expresa el día primero, después el mes y finalmente el año.

B. Los *días feriados o festivos* se escriben *con mayúscula*, así como *Navidad, Día de la Raza, Día de la Madre* y *Día de la Independencia*.

b. If the day precedes the month, the day is then written as an ordinal figure.

   Examples: 1st of June;   **23rd** of May;   **10th** of August, 19—.

   Both forms (**a** and **b**) are correct; however, the latter one is seldom used in business correspondence.

c. In legal documents, dates are sometimes written as words.

   Example: the third day of March, nineteen hundred and eighty-three.

d. Except in legal documents, years are always expressed in figures.

   Examples: 1941   1776   1980   1939   1985

e. Holidays are capitalized in English. Some of the common holidays in the United States are: New Year's Day, Easter, Memorial Day, the Fourth of July (Independence Day), Labor Day, Veterans' Day, Thanksgiving, Christmas.

VOCABULARY

approximate	—	aproximado, -a
Arabic numerals	—	números arábigos
cardinal numbers	—	números cardinales
commonly	—	comúnmente
decimals	—	decimales
documents	—	documentos
expressed	—	expresado, -a
incorrectly	—	equivocadamente
indefinite	—	indefinido, indeterminado
legal	—	jurídico, legal
midnight	—	medianoche
noon	—	mediodía
ordinal numbers	—	números ordinales
percentages	—	porcentajes
Roman numerals	—	números romanos
serial numbers	—	números de serie
telephone numbers	—	números de teléfono
to pronounce, utter	—	pronunciar

ACTIVITIES

Activity I. TAPE. Listen to the tape and repeat when you are asked to do so.

VOCABULARIO

aproximaciones	—	approximations	hora	—	time, hour
arábigo	—	Arabic	inicia	—	it begins
arrendatario	—	tenant	maneras	—	means, ways
caja chica	—	petty cash	menos	—	less
calles	—	streets	monetaria	—	monetary
cantidad	—	quantity	oración	—	sentence
cardinales	—	cardinals	ordinales	—	ordinals
cifra	—	number	piso	—	story, floor
deletreado	—	spelled	reglamentos	—	rules
ésta	—	this (one)	romanos	—	Roman numerals
faltan	—	are lacking	se expresan	—	are expressed
fecha	—	date	se imprimen	—	are printed
feriados	—	holidays	trasladarse	—	to be transferred

ACTIVIDADES

Actividad   *I. CINTA.* Escuche la grabación y repita cuando se lo pidan.

Actividad   *II.* Ensaye la hora del día que indican los siguientes relojes:
(Use de las variaciones que hay para indicar la hora.)

A. ¿Qué hora *es*?

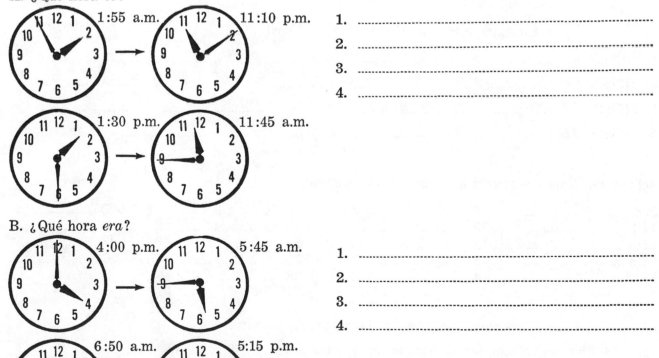

1. ....

2. ....

3. ....

4. ....

B. ¿Qué hora *era*?

1. ....

2. ....

3. ....

4. ....

Activity II. Write the correct way to express the time shown on the clocks below. The first three clocks are in the morning; the last three are in the afternoon and evening.

1. ....

2. ....

3. ....

(1)   (2)   (3)

4. ....

5. ....

6. ....

(4)   (5)   (6)

Activity III. If you were **speaking**, how would you say the time shown on the clocks in Activity I? (Give two different ways.)

Example: (Clock #2) nine thirty; half past nine

1. (Clock #3) ....; ....

2. (Clock #4) ....; ....

3. (Clock #5) ....; ....

4. (Clock #6) ....; ....

Activity IV. Write the correct **word** for the following numbers.

2nd	5	15	600,000 ....
11th	9	20	VI ....
16th	12	60	IX ....
25th	13	300	C ....
32nd	14	5,000	M ....

Activity V. Choose the correct number in the following sentences.

1. (13, Thirteen) offices are for rent in the new building.
2. Approximately (10, ten) desks fit into the new office space.
3. There will be a charge of (15 cents, 15¢) for every telephone call.
4. You can find her telephone number listed on page (33, thirty-three).
5. Send the bill to my address which is (501, five hundred one) Camelot Drive.

C. Conteste las siguientes preguntas según la hora indicada entre paréntesis.

Modelo: ¿A qué hora abren la oficina? (8:00 a.m.) — La abren a las ocho de la mañana.

1. ¿A qué hora cierran la oficina?   (6:00 p.m.) ....

2. ¿A qué hora llega el correo?   (9:45 a.m.) ....

3. ¿A qué hora salió el señor Guerra?   (1:30 p.m.) ....

4. ¿A qué hora llamó el gerente?   (4:15 p.m.) ....

5. Señorita, ¿a qué hora abren el banco? (9:00 a.m.) ....

Actividad III. Exprese de diferentes maneras la hora indicada entre paréntesis.

Ejemplo: (2:40 p.m.) a. Son las tres de la tarde menos veinte minutos.
                b. Son las catorce horas con cuarenta minutos.
                c. Faltan veinte minutos para las tres de la tarde.

1. (1:08 a.m.) a. ....
            b. ....

2. (6:36 a.m.) a. ....
            b. ....

3. (8:50 p.m.) a. ....
            b. ....
            c. ....

4. (3:00 p.m.) a. ....
            b. ....

5. (12:00 p.m.) a. ....
            b. ....

Actividad IV. Escriba con palabras cada una de las siguientes cifras.

2°	5	15	600,000...................
11°	99	20	VI...................
16°	12	60	XI...................
25°	13	300	C...................
32°	14	5,000	M...................

Actividad V. Escoja el número apropiado en cada oración.

1. (13, Trece) son las oficinas nuevas que se alquilan.
2. Aproximadamente (10, diez) escritorios cabrán en ese espacio.
3. Se cobrarán (15 centavos, $0.15) por cada llamada telefónica.
4. Encontrará el número de su teléfono en la página (33, treinta y tres) de la guía telefónica.

6. The rent for the office will be ($800, eight hundred dollars) per month.
7. We are moving our office to (10 East 10 Street, 10 East Tenth Street, ten East Tenth Street).
8. We hope to have an increase of (15%, 15 percent) in our sales within a year.
9. We plan to have about (25, twenty-five) persons working in the new office.
10. (95, Ninety-five) degrees is too hot for an office building.

Activity VI. In a business letter, how do you write the dates correctly? Rewrite the following letter.

(twenty-first day of March, nineteen hundred—)

Dear Mr. Wilcox:

On (last day of February), we shipped you the merchandise which you ordered on (twenty-third day of January). In your letter of (tenth day of March), you indicated that you had not yet received the merchandise. If you have not received the shipment by (fifth day of April), please let us know so that we can send you a duplicate shipment immediately.

Sincerely yours,

TAPE SCRIPT

MV: Book I, Unit 11, Activity I.

Repeat the following numbers: (PAUSE AFTER EACH NUMBER FOR STUDENT REPETITION.)

0 (PAUSE) ⟶ 1 (PAUSE) ⟶ 2 (PAUSE) ⟶ 3 (PAUSE) ⟶ 4 (PAUSE) ⟶ 5 (PAUSE)

6 (PAUSE)   7 (PAUSE)   8 (PAUSE)   9 (PAUSE)   10 (PAUSE)   11 (PAUSE)

12 (PAUSE)   13 (PAUSE)   14 (PAUSE)   15 (PAUSE)   20 (PAUSE)   21 (PAUSE)

5. Envíe por favor la cuenta a mi domicilio que es Carrera (34, treinta y cuatro), número (293, doscientos noventa y tres).

6. El alquiler de la oficina le saldrá en ($1,800.00, mil ochocientos) pesos al mes.

7. Nos hemos mudado a nuestra nueva oficina que queda en la (Calle 10 al Este N° 10, Calle Diez al Este N° 10, Calle Diez al Este Número Diez).

8. Esperamos un aumento del (15%, quince por ciento) dentro de un año en esta empresa.

9. Se espera que cerca de (25, veinticinco) personas trabajen en esa oficina.

10. (95, Noventa y cinco) grados Fahrenheit es demasiado caluroso para trabajar.

Actividad VI. Escriba de nuevo la siguiente carta e indique cómo se expresan las fechas.

(día: 22 — veintidós)
(mes: Agosto — agosto)
(año: mil novecientos ochenta — 1980)

Sr. Marco Antonio de la Torre

Estimado señor de la Torre:

El (febrero/día último) le enviamos la mercancía que pidió usted el (enero/23/veintitrés). Cuando recibimos su carta de (marzo/10/décimo), usted nos indicó que todavía no había recibido el pedido. Si no ha recibido el pedido para (abril/5/quinto), tenga la bondad de avisarnos e inmediatamente le mandaremos la mercancía duplicada.

Muy atentamente,

....

....

....

....

....

....

....

....

....

GRABACIÓN

VG: *Libro I, Unidad 11, Actividad I.*

VG: Repita usted los siguientes números:

VG: 0, 1, 2, 3, 4, 5, 6, 7, 8, 9, 10, 11, 12, 13, 14, 15, 16, 20, 21, 22, 30, 31, 32, 40, 46, 47, 50, 55, 59, 60, 61, 66, 70, 73, 78, 80, 85, 86, 90, 97, 99.

22 (PAUSE) ⟶ 30 (PAUSE) ⟶ 31 (PAUSE) ⟶ 32 (PAUSE) ⟶ 40 (PAUSE) ⟶ 46 (PAUSE)

47 (PAUSE)   50 (PAUSE)   55 (PAUSE)   59 (PAUSE)   60 (PAUSE)   61 (PAUSE)

66 (PAUSE)   70 (PAUSE)   73 (PAUSE)   78 (PAUSE)   80 (PAUSE)   85 (PAUSE)

86 (PAUSE)   90 (PAUSE)   97 (PAUSE)   99 (PAUSE)   100 (PAUSE)   115 (PAUSE)

200 (PAUSE)   225 (PAUSE)   300 (PAUSE)   389 (PAUSE)   400 (PAUSE)   471 (PAUSE)

500 (PAUSE)   563 (PAUSE)   600 (PAUSE)   672 (PAUSE)   1,000 (PAUSE)   1,550 (PAUSE)

5,000 (PAUSE)   5,330 (PAUSE)   100,000 (PAUSE) 120,000 (PAUSE)   300,000 (PAUSE)

340,510 (PAUSE)   6,000,000 (PAUSE)   6,250,000 (PAUSE)

first (PAUSE)   second (PAUSE)   third (PAUSE)   fourth (PAUSE)   fifth (PAUSE)   sixth (PAUSE)

seventh (PAUSE)   eighth (PAUSE)   ninth (PAUSE)   tenth (PAUSE)   eleventh (PAUSE)   twelfth

(PAUSE)   thirteenth (PAUSE)   fourteenth (PAUSE)   fifteenth (PAUSE)

Now repeat these arithmetic problems after me:

2 plus 3 equals 5 (PAUSE)

6 plus 10 equals 16 (PAUSE)

10 plus 10 equals 20 (PAUSE)

2 plus 7 equals 9 (PAUSE)

19 minus 6 equals 13 (PAUSE)

15 minus 8 equals 7 (PAUSE)

32 minus 2 equals 30 (PAUSE)

2 times 2 equals 4 (PAUSE)

10 times 6 equals 60 (PAUSE)

15 times 3 equals 45 (PAUSE)

100 divided by 4 equals 25 (PAUSE)

15 divided by 3 equals 5 (PAUSE)

90 divided by 3 equals 30 (PAUSE)

100	200	300	400	500	600	700	800	900
115	225	389	471	563	672	713	888	951

1,000	5,000	100,000	300,000	600,000	700,000	800,000	900,000
1,550	5,330	120,000	340,510	625,000	745,912	809,232	900,201

VG: Pasemos a los números ordinales.

primero (primer)	noveno
segundo	décimo
tercero (tercer)	undécimo
cuarto	duodécimo
quinto	decimotercero
sexto	decimocuarto
séptimo	decimoquinto
octavo	decimosexto

VG: Pasemos a un ejercicio de matemáticas.

VG: Ud. escucha: 2 y 3 son 5; Ud. dice: 2 y 3 son 5

VG: 2 y 3 son 5
 6 y 10 son 16
10 y 10 son 20
 2 y 7 son 9
10 y 3 son 13

19 menos 6 son 13
22 menos 2 son 20
15 menos 8 son 7
32 menos 2 son 30
20 menos 9 son 11

 2 por 2 son 4
10 por 6 son 60
25 por 2 son 50
50 por 2 son 100
15 por 3 son 45

100 divididos entre 4 son 25
 15 divididos entre 3 son 5
 24 divididos entre 8 son 3
 24 divididos entre 2 son 12
 90 divididos entre 3 son 30

PLURALS, POSSESSIVES, SUBJUNCTIVE

OBJECTIVES

1. The student will demonstrate the ability to recognize, define, and use plural and possessive nouns.

2. The student will demonstrate the ability to recognize, define, and use the subjunctive mood.

I. PLURALS

Plural nouns name more than one person, place, or thing. Although most plural forms of a noun are formed by adding "-s," there are also some other rules with which you should be familiar.

SINGULAR	PLURAL	SINGULAR	PLURAL
file	files	worker	workers
job	jobs	building	buildings
bank	banks	order	orders
accountant	accountants	street	streets
department	departments	letter	letters

a. To form the plural of a noun that ends in "y" which is preceded by a **consonant,** change the "y" to "i" and add "-es."

SINGULAR	PLURAL	SINGULAR	PLURAL
lady	ladies	supply	supplies
penny	pennies	duty	duties
company	companies	inquiry	inquiries
city	cities	party	parties
copy	copies	assembly	assemblies

NOTE: This spelling rule for nouns which end in "y" also applies to the spelling of verbs that end in "y" when changed from 1st person (I accompany) to 3rd person singular (he accompanies).

EL MODO SUBJUNTIVO

OBJETIVOS

1. Al terminar la Unidad Número Doce, el estudiante tendrá completa maestría de los cambios ortográficos de los verbos en el modo subjuntivo.

2. El estudiante dominará el uso de los diferentes tiempos del modo subjuntivo.

I. EL MODO SUBJUNTIVO es la forma del verbo que se emplea, sobre todo, en cláusulas subordinadas cuando la cláusula principal de la oración trata de *la irrealidad, incertidumbre, emoción* o *duda*. (Véase la Unidad 3 y 4 para repasar la conjugación del verbo en el modo subjuntivo.)

A. *El tiempo presente del subjuntivo.*

Del infinitivo: terminar — *Es probable que* ella *termine* la contabilidad.

vender — *Quizá vendan* esa mercancía a mitad de precio.

discutir — *Esperamos* que la gerencia *discuta* ese asunto.

B. *El tiempo pasado del subjuntivo.*

Del infinitivo: terminar — *Era probable que terminara* (*terminase*) para esa fecha.

vender — *¡Ojalá que vendieran* (*vendiesen*) esa mercancía con descuento!

discutir — *Esperábamos que* la gerencia *discutiera* (*discutiese*) ese asunto.

C. *Los tiempos compuestos del subjuntivo.*

Verbo auxiliar — pretérito perfecto   Participio — pasado

Haber — haya   terminado, vendido, discutido

Verbo auxiliar — pretérito pluscuamperfecto

Haber — hubiera (hubiese)   terminado, vendido, discutido

Del infinitivo:

ser, haber, terminar — *Es posible que haya terminado* ya.
Era posible que hubiera terminado ya.

haber, vender — *Quizás hayan vendido* esa mercancía.
Quizás hubieran vendido esa mercancía.

esperar, haber, discutir — *Espero que* la gerencia *haya discutido* eso.
Esperaba que la gerencia *hubiera discutido* eso.

b. To form the plural of a noun that ends in "s," "x," "ch," or "sh," add an "-es," rather than just "s."

SINGULAR	PLURAL	SINGULAR	PLURAL
business	businesses	index	indexes
boss	bosses	beach	beaches
bus	buses	ranch	ranches
box	boxes	brush	brushes
tax	taxes	wish	wishes

c. For a noun that ends in "o" and is preceded by a **vowel** add an "-s" to form the plural; if preceded by a **consonant,** add an "-es."

SINGULAR	PLURAL	SINGULAR	PLURAL
radio	radios	folio	folios
ratio	ratios	potato	potatoes
stereo	stereos	tomato	tomatoes
studio	studios		

> NOTE: Exceptions to this rule are: memo — memos; solo — solos; silo — silos; kilo — kilos; psycho — psychos; gyro — gyros; domino — dominos

d. For a noun that ends in "f" or "fe" change the "f" to "v" and add "es" to form the plural.

SINGULAR	PLURAL	SINGULAR	PLURAL
life	lives	half	halves
wife	wives		

> NOTE: Exceptions to this rule are: chief — chiefs   safe — safes
>   belief — beliefs   roof — roofs

e. Some nouns follow no specific rule for forming the plural form. The spelling does change, however, from the singular form to the plural form. Some of these words are:

SINGULAR	PLURAL	SINGULAR	PLURAL
man	men	child	children
woman	women	mouse	mice
foot	feet	tooth	teeth

f. Some nouns have the same form in both the singular and plural. The most frequently used nouns are:

news	proceeds	series	athletics	economics

D. Existen algunas condiciones para el *uso del subjuntivo*.

Cláusula principal
Sujeto A
Tiempo presente (pasado)
   del indicativo
Expresión: i.e. Ojalá . . .,
(Tal vez, Quizá(s) no llevan
   "que")
	Conjunción
	que
		Cláusula subordinada
		Sujeto B
		Tiempo presente (pasado)
		   del subjuntivo

II. *EL USO DEL SUBJUNTIVO* es muy variado puesto que hay diferentes tipos de cláusulas: sustantivadas, adjetivadas, adverbializadas y otras expresiones que requieren de su uso.

A. *Las cláusulas sustantivadas subordinadas* se introducen por medio de la conjunción *que* cuando la cláusula principal contiene uno de los siguientes verbos:

aconsejar
decir
impedir
prohibir

Ejemplos:
Yo le *aconsejo que llame* mañana temprano.
Yo le *aconsejé que llamara* mañana temprano.

insistir en
pedir
rogar
suplicar

Ejemplos:
Le *rogamos que* nos *disculpe* por la demora.
Le *rogamos que* nos *disculpara* por la demora.

desear
preferir
querer

Ejemplos:
Deseamos que Vds. nos *manden* el pedido para el martes.
Deseábamos que Vds. nos *mandaran* el pedido para el martes.

alegrarse de
esperar
extrañar
sentir
sentir lástima
temer
tener miedo de

Ejemplos:
Siento mucho *que haga* el pedido de nuevo.
Sentí mucho *que hiciera* el pedido de nuevo.

dudar
negar

Ejemplos:
Mi jefe *duda que trabajemos* horas extras.
Mi jefe *dudó que trabajáramos* horas extras.

¿creer?
no creer
¿pensar?
no pensar

Ejemplos:
¿Cree Ud. que ella *pueda* terminarlo para mañana?
No señor, *no creo que* ella lo *termine* para entonces.

B. *Las expresiones impersonales* introducen una cláusula subordinada:

ser posible
ser probable

Ejemplos:
Es probable que hoy *cierren* las oficinas temprano.
Era probable que hoy *cerraran* las oficinas temprano.

II. POSSESSIVES

A noun, when it is used to show ownership or possession, is in the possessive case. We use an apostrophe to show the possessive form.

a. Singular nouns form the possessive by adding an **apostrophe** and **s** ('s).

> **Examples:** lawyer's briefcase   building's elevator
> caller's name   typewriter's **cover**

b. A plural noun that ends in "s" is made possessive by adding an **apostrophe after** the **s** (s').

> **Examples:** committees' reports   employees' lunchroom
> folders' labels   customers' accounts

c. A plural noun that ends in a letter other than "s" forms its possessive by adding **apostrophe** and **s** ('s). These words are irregular plural forms.

	Singular	**Plural**		**Singular**	**Plural**
Examples:	man's	— men's		child's	— children's
	woman's	— women's		salesman's	— salesmen's
	workman's	— workmen's			

d. Pronouns never use an apostrophe to form their possessive case.

> **Example: His** report was very good; **your** report was also very good.

Possessive pronouns are:

	1ST PERSON		**2ND PERSON**		**3RD PERSON**	
	Singular	**Plural**	**Singular**	**Plural**	**Singular**	**Plural**
Adjective Form	my	our	your	your	his her its	their
Substantive Form	mine	ours	yours	yours	his/hers	theirs

BEWARE:	Do not confuse the possessive pronoun "its" with the contraction "it's" (it is).	**Write This** The equipment was placed on **its** stand.	**Not This** The equipment was placed on **it's** stand.

III. SUBJUNCTIVE

When a verb expresses a condition that is contrary to fact, it is said to be in the subjunctive. The subjunctive is used to express a doubt, a wish, a requirement, or a request.

ser menester	*Ejemplos:*
ser necesario	*Es necesario que* la mesa directiva se *reúna* esta tarde.
ser preciso	*Era necesario que* la mesa directiva se *reuniera* esta tarde.

	Ejemplos:
convenir	*Conviene que* Ud. *tenga* la correspondencia al día.
	Convenía que Ud. *tuviera* la correspondencia al día.

	Ejemplos:
importar	*Importa* mucho *que* los empleados *sean* puntuales.
	Importaba mucho *que* los empleados *fueran* puntuales.

C. *Las cláusulas adjetivadas subordinadas* expresan un antecedente *indefinido,* un antecedente que *no existe:*

> Buscamos *una* secretaria que *sea* bilingüe.
> Buscábamos *una* secretaria que *fuera* bilingüe.

> *No hay nadie* que *organice* tan bien como usted.
> *No había nadie* que *organizara* tan bien como usted.

D. *También algunas palabras indefinidas* como *(a) dondequiera, cualquier(a), quienquiera* y *por . . . que sea . . .* introducen una cláusula subordinada:

> Le entregaremos la mercancía *adondequiera* que *sea.*
> Le entregaríamos la mercancía *adondequiera* que *fuera.*

> Necesitamos un agente *quienquiera* que *sea.*
> Necesitábamos un agente *quienquiera* que *fuera.*

> Se necesita ese equipo *por caro que sea.*
> Se necesitaba ese equipo *por caro que fuera.*

E. *Las cláusulas adverbializadas subordinadas* van precedidas de conjunciones adverbiales como:

a menos que:	*A menos que* usted se *comunique* con nosotros, tendremos que cancelar su pedido.
	A menos que usted se *comunicara* con nosotros, tendríamos que cancelar su pedido.
con tal de que:	Todo queda en orden *con tal de que recibamos* un depósito.
	Todo quedaría en orden *con tal de que recibiéramos* un depósito.
en caso de que:	*En caso de que usted salga* tarde, déjeme esa información sobre el escritorio.
	En caso de que usted saliera tarde, ¿me dejaría esa información sobre el escritorio?
para que:	Favor de pasar a mi despacho *para que firme* el documento.
	Entré al despacho de mi jefe *para que firmara* el documento.
sin que:	El cliente sale *sin que* el dependiente le *dé* el cambio.
	El cliente salió *sin que* el dependiente le *diera* el cambio.

F. *Las siguientes conjunciones adverbiales* exigen el presente de subjuntivo *cuando van precedidas de un verbo en el tiempo futuro.* No siendo la idea futura, se usa el indicativo:

a. Use **were** not **was** to express a condition that is contrary to fact in the present.

Examples: If I were a secretary, I would apply for that job. (I am not now a secretary.)
If Mrs. Shultz were here, she would explain it to you.
I wish I were better qualified for an office job.

b. Use **had been** to express a condition that is contrary to fact in past time.

Examples: If Martha had been on time, the problem would not have occurred. (She wasn't on time.)
If the job had been advertised in the newspaper last week, I would have seen it.

VOCABULARY

account	—	cuenta	information —	información
advertised	—	anunciado	labels —	rótulos, etiquetas
bank	—	banco	lunchroom —	comedor
building	—	edificio	memo —	memorándum
files	—	archivos	taxes —	impuestos
folio	—	folio	typewriter —	máquina de escribir
index	—	índice	workmen's —	de obreros, de trabajadores

ACTIVITIES

Activity I. TAPE. Listen to the tape and supply the missing number of the nouns and possessive pronouns.

Activity II. If the underlined word(s) is singular, rewrite it as a plural form; if the underlined word(s) is plural, rewrite it as a singular form.

Example: One new **order**   **two** new **orders**

1. The **three ladies** ....

2. The misplaced **folio** ....

3. My **fee** ....

4. **One half** ....

5. The steel **safe** ....

6. Today's **news** ....

7. **A** new **series** ....

8. **Two copies** ....

así que, en cuanto,	*Abriremos* otra sucursal *luego que podamos.*
tan pronto como,	Abrimos otra sucursal *luego que* pudimos.
luego que	
cuando	*Mandaremos* el pedido *cuando llegue* el surtido.
	Mandamos el pedido *cuando* llegó el surtido.
hasta que	No *haremos* ningún cambio *hasta que tengamos* noticia suya.
	No hicimos ningún cambio *hasta que* tuvimos noticia suya.

III. EL SUBJUNTIVO PASADO se usa en cláusulas subordinadas que han sido introducidas por *"si . . . o, como si . . .".* El tiempo de la cláusula principal debe ser el *condicional* o *el subjuntivo pasado.*

Si Ud. *quisiera,* le *mandaríamos (mandáramos)* la cuenta a fines del mes.

Si Ud. quiere, le mandamos la cuenta a fines del mes.

La secretaria les habló a los empleados como si ella *fuera* la gerente.

VOCABULARIO

aconsejar	— to advise	para que	— so that, in order that
adondequiera	— anywhere	pedir	— to request, to ask for
alegrarse de	— to be glad	pensar	— to think
a menos que	— unless	precio	— price
así que, en cuanto,		puesto que	— since
luego que, tan		quienquiera	— whoever
pronto como	— as soon as	quizá (s)	— perhaps, maybe
como si	— as if	rogar	— to beg, plead with
con tal de que	— provided that	sentir	— to regret, feel sorry
creer	— to believe	ser menester,	
cualquier (a)	— any, anyone	ser preciso	— to be necessary
cuando	— when	si	— if
disculpar, perdonar	— to forgive	sin que	— without
duda	— doubt	sobre todo	— above all
en caso de que	— in case	suplicar	— to beg, entreat
estar de acuerdo	— to agree	teneduría de libros,	
negar	— to deny	contabilidad	— bookkeeping
ojalá que	— I (We) hope that	tener miedo de	— to be afraid of

ACTIVIDADES

Actividad I. CINTA. Escuche la grabación y haga los cambios que le pidan.

Actividad II. Complete la oración con la forma correcta del verbo. Escoja entre el presente o pasado de subjuntivo o de indicativo.

Activity III. Fill in the blanks with the correct **possessive** form of the nouns which are in parentheses at the end of each sentence. Decide from the context of the sentence whether the possessive is plural or singular.

Example: Mr. **Johnson's** helper explained the two **schedules'** problems. (Johnson, schedule)

1. The .... note has 4 .... interest due. (bank, month)
2. .... wife will earn $500 for 3 .... work. (I, week)
3. The CostLow store is having a sale of ...., ..., and ....clothing. (man, woman, child)
4. A good .... work gives an employee .... greatest satisfaction. (day, he)
5. .... creditors have listed .... claims with the federal .... office. (I, they, attorney)
6. All .... funds are audited at the .... end. (depositor, year)
7. .... view of the matter is given in this .... newsletter. (I, company, month)
8. Mr. .... suggestion was discussed at .... board meeting. (Wilson, today)
9. The .... salaries have been increased periodically over two .... time. (workman, year)
10. In next .... sale, we will have .... and .... coats at greatly reduced prices. (week, man, boy)

Activity IV. Underscore the correct verb in the following sentences.

1. If I (was, were) a secretary, I would have many job opportunities.
2. My sister (was, were) a secretary for many years.
3. I wish I (was, were) able to complete the report without rushing.
4. If the report (has been, had been) given to me earlier, it would (had been, have been) done on time.
5. If he (was, were) sure of making the sale, he would have told me.
6. If Ms. Cardella (was, were) here, she could explain her report more clearly.
7. The work would (have been, had been) done right the first time if the instructions (have been, had been) clear.
8. My bosses (was, were) pleased with the help I gave them.

Activity V. TAPE. Listen to the remainder of the tape for Unit 12. Listen carefully. You will be responsible for answering the following questions regarding the contents of the tape.

Activity VI. From the information you heard on the tape (Activity V), write answers to the following questions **in complete sentences.**

1. What word should you write on your check stub if you destroy a written check and cannot use it?

   ----

2. What are checks called that have been cleared (i.e., paid) through the bank?

   ----

3. Name two service charges that your bank could charge you.

   ----

4. What machine has helped keep the cost of banking services low for both private individuals and business enterprises?

Ejemplo: (separar) : La correspondencia no se distribuirá hasta que no la *separe* la secretaria.

1. (ir) : A menos que Ud. .... personalmente a la gerencia, no se resolverá el problema.

2. (haber/aceptar) : ¡Quizás le ....!

3. (trabajar) : Ellos les aconsejaron que .... para esa empresa.

4. (ser/estar) : Si .... bilingüe ya ....trabajando en esta compañía desde ayer.

5. (importar/llegar) : Al señor Salazar, mi jefe, siempre le .... que nosotros........................ .... a la hora.

6. (estar/aceptar) : Mis compañeros de trabajo .... presentes cuando me pidieron que .... el puesto.

Actividad III. Lea la pregunta. Contéstela negativamente; use la cláusula iniciada por *si*. Emplee las palabras dadas entre paréntesis para la respuesta.

Ejemplo: Pregunta —*¿Le prestaron* el dinero en el banco?

(pagar/puntualmente) No, pero *si me lo prestaran, (yo) pagaría puntualmente.*

1. ¿Te *exigió* el jefe que vinieras más temprano?
   (buscar/otro empleo) ....
   ....

2. ¿Le *pidieron* a Ud. que trabajara los dos turnos?
   (no aceptar) ....
   ....

3. ¿Le *contestaron* la carta?
   (estar/disgustado) ....
   ....

4. ¿Le *aceptó* los cheques?
   (tener que/pagar/saldo) ....
   ....

Actividad IV. Traducción. Escriba las siguientes oraciones en español.

1. I prefer that our committee meet another day.

   ....

2. He insisted that no appointments be made on Mondays.

   ....

3. They don't permit us to arrive late (that we arrive late).

   ....

4. The management regrets that this incident has occurred.

   ....

5. The amount of a check should be shown on the face of the check in what two ways?

    ----

6. What is it called when you write a check for more money than you have in your checking account?

    ----

7. What is a check stub or check register?

TAPE SCRIPT

MV: Book I, Unit 12, Activity I.

Give the plurals of the following nouns and/or possessive pronouns. I say: service. You say: services.

profit (PAUSE) profits	his (PAUSE) their
bank (PAUSE) banks	week (PAUSE) weeks
business (PAUSE) businesses	child (PAUSE) children
deposit (PAUSE) deposits	woman (PAUSE) women
my (PAUSE) our	store (PAUSE) stores
city (PAUSE) cities	tooth (PAUSE) teeth
radio (PAUSE) radios	government (PAUSE) governments
your (PAUSE) your	half (PAUSE) halves
man (PAUSE) men	foot (PAUSE) feet
box (PAUSE) boxes	budget (PAUSE) budgets
mine (PAUSE) ours	mouse (PAUSE) mice
account (PAUSE) accounts	proceeds (PAUSE) proceeds

Now give the singular of the following nouns and/or possessive pronouns. I say: services. You say: service.

checks (PAUSE) check	feet (PAUSE) foot
men (PAUSE) man	ours (PAUSE) my
their (PAUSE) his (or) her	months (PAUSE) month
fractions (PAUSE) fraction	women (PAUSE) woman
signatures (PAUSE) signature	ladies (PAUSE) lady
children (PAUSE) child	teeth (PAUSE) tooth
news (PAUSE) news	series (PAUSE) series
charges (PAUSE) charge	

MV: Book I, Unit 12, Activity V.

Listen to the following material. Listen carefully; later you will be asked questions about what you heard.

5. We are sorry that the materials were not sent on time.

....

6. We are glad (that) you'll be working with our company.

....

7. I suggested (that) she go home since she wasn't feeling well.

....

8. She would like three office employees to work together on the project.

....

9. It was too bad that you had to type it again.

....

10. They were glad that you would work overtime and receive more pay.

....

11. I'm sorry that you didn't receive the information soon enough.

....

12. It was a pity that you typed it without following instructions.

....

Actividad V. Escriba oraciones originales usando las siguientes conjunciones adverbiales.

1. así que: ....
2. cuando: ....
3. hasta que: ....
4. con tal de que: ....
5. para que: ....

GRABACIÓN

VG: *Libro I, Unidad 12, Actividad I.*

A. VG: Cambie la forma del infinitivo al *presente del subjuntivo.*

VG: Ud. escucha: Es preciso recibir su confirmación.
VG: Ud. dice   :   Es preciso que yo reciba su confirmación.
       Empecemos . . .

1. Es necesario meter las carpetas en el archivo. (pausa)
   (Es necesario que yo meta las carpetas en el archivo).

2. Conviene repasar la lista de solicitantes. (pausa)
   (Conviene que yo repase la lista de solicitantes).

3. Importa aumentar el comercio de la compañía. (pausa)
   (Importa que yo aumente el comercio de la compañía).

Much of today's business is conducted through the use of checks. Companies use them; individuals use them; governments use them. In fact, almost one hundred million checks are issued **daily** in the United States alone. With so many checks, it has become very costly for the banking industry to process these checks. The advent of computers has helped to keep the cost of banking services low. Computerized banking services became one of the first wide-spread uses of computers in private enterprise in the United States. The magnetic numbers printed on each check enable the computer to identify your checks among thousands of other checks, the computer sorts your checks and also lists them in the order in which they were drawn. The computer maintains a daily balance of your checking account; the computer also knows when you have overdrawn your account.

Checks that are cleared by the bank and returned to you are called "cancelled checks." The bank sends them to you monthly along with a bank statement. The bank statement lists each check you have written that has cleared through your bank, all deposits you have made throughout the month, and any service charges by the bank. Service charges can result from having checks printed, from maintaining too low a balance during the month, or from overdrawing your account. The bank statement enables you to balance your personal checkbook; that is, to compare your figures and current balance with the amount of money the bank indicates you have on deposit in your checking account. This is called reconciling your bank statement.

Checks should be written very carefully; they are the same as money. You should write legibly. Your figures should be clear. The amount of the check is written in two ways — in figures and in words. This serves as a cross-check and helps prevent errors. The check must be signed by the drawer; that is, the person or persons who are authorized to use the checking account. The check should always be dated. There is usually a number printed on the check by the bank. These numbers are consecutive. One other important item must be written on each check and that is the name of the person or company to whom the check is being made payable. You write this information on the check after the printed words "Pay To The Order Of."

You should keep careful personal records of your checking account so that you know at all times how much money you have in the bank. Along with the blank checks, most checkbooks have a record you can use to keep track of this information. The record is called a check stub or a check register. In either case, it is attached to your checkbook as a permanent record and has spaces to list the amount of the check you have written, any deposits you have made, your new balance, what the check was written for, and to whom it was made payable. All **checks** should be **subtracted** from your checking account balance; all **deposits** should be **added** to your balance.

If you make a mistake when writing a check, the check should be destroyed — that is, torn up. Do not scratch out names or amounts; do not write over names or amounts; instead, write a new check and on your check stub write "VOID" (V-O-I-D) so you will remember what happened to the check with that number.

Never write a check for more money than you have in your account. This is why it is important to know at all times how much money you have in your checking account. If you write a check for an amount greater than you have in your account, this is called "overdrawing" your account. It is illegal. Some banks will notify you so you can deposit more money to cover the check. Other banks will just refuse to pay the check. A charge is usually made by a bank when it has to handle an overdrawn check.

Checks and checking accounts are a service that is invaluable to both private individuals and enterprises in the business world. It is a service or convenience that we all accept, yet would all miss greatly if it were not available to us.

4. Es importante cumplir con los pedidos. (pausa)
   (Es importante que yo cumpla con los pedidos).

5. Desea arreglar el escritorio al final del día. (pausa)
   (Desea que yo arregle el escritorio al final del día).

6. Insiste en acabar de revisar la correspondencia. (pausa)
   (Insiste en que yo acabe de revisar la correspondencia).

7. Prefiere no trabajar horas extras. (pausa)
   (Prefiere que yo no trabaje horas extras).

8. Teme no poder asistir a la conferencia. (pausa)
   (Teme que yo no pueda asistir a la conferencia).

9. Duda poder salir temprano hoy. (pausa)
   (Duda que yo pueda salir temprano hoy).

10. Siente tener que cancelar la orden. (pausa)
    (Siente que yo tenga que cancelar la orden).

B. VG: Ahora cambie toda la oración *al tiempo pasado*. (Al pretérito imperfecto de indicativo y de subjuntivo respectivamente).

VG: Ud. escucha: Es necesario que usted meta las carpetas en el archivo.
VG: Ud. dice   : Era necesario que usted metiera las carpetas en el archivo.

Empecemos . . .

1. Conviene que nosotros repasemos la lista de solicitantes. (pausa)
   (Convenía que nosotros repasáramos la lista de solicitantes).

2. Importa que ustedes aumenten el comercio de la compañía. (pausa)
   (Importaba que ustedes aumentaran el comercio de la compañía).

3. Es importante que tú cumplas con los pedidos. (pausa)
   (Era importante que tú cumplieras con los pedidos).

4. Conviene que nosotros recibamos su confirmación. (pausa)
   (Convenía que nosotros recibiéramos su confirmación).

5. Deseo que usted arregle el escritorio al final del día. (pausa)
   (Deseaba que usted arreglara el escritorio al final del día).

6. El jefe insiste en que ella acabe con la correspondencia. (pausa)
   (El jefe insistía en que ella acabara con la correspondencia).

7. Prefiere que él no trabaje horas extras. (pausa)
   (Prefería que él no trabajara horas extras).

8. Dudo que nosotros podamos salir temprano. (pausa)
   (Dudaba que nosotros pudiéramos salir temprano).

9. Yo lo siento que la cliente tenga que cancelar la orden. (pausa)
   (Yo lo sentía que la cliente tuviera que cancelar la orden).

10. Temo que tú no puedas asistir a la conferencia tampoco. (pausa)
    (Temía que tú no pudieras asistir a la conferencia tampoco).

TEST NO. 1

UNIT 1

Complete the following sentences.

1. The English alphabet has .... letters.

2. Write all the letters of the English alphabet ....

   ....

3. A,E,I,O,U, are called ....

4. The remaining letters of the alphabet are called ....

In the following sentences, underscore all the common and proper nouns.

1. The staff worked in a large office.

2. Mr. Jones, the accountant, was well known in the building.

3. The receptionist greeted all the people.

4. Office managers have a very responsible job.

5. Administrative assistants are needed in large offices.

6. Typewriters, desks, chairs, and calculators are essential in an office.

UNIT 2

In the following sentences, identify each pronoun and its antecedent.

1. The girls typed their manuscripts.

2. The bookkeeper took his work very seriously.

3. The file clerk was pleased with her evaluation.

4. Maury wrote a memo to his staff.

5. One of the desk lamps had a crack in it.

6. Tony, will you type this letter for me?

7. George, may I borrow your book?

8. Pat said she was riding the bus to work.

9. Each of the two girls typed ten pages.

10. Barbara, at first you may find the work hard.

PRUEBAS

EXAMEN DE LA UNIDAD NÚMERO UNO

Complete las siguientes oraciones

1. El alfabeto español tiene........................letras.
2. A, E, O son vocales ....
3. I, U son vocales ....
4. Pedro, Guadalajara, San Juan son sustantivos ....
5. Hombre, caballo, árbol son sustantivos ....
6. Manada, bandada, ejército son sustantivos ....
7. Un diptongo es la combinación de una vocal .... y una vocal ...., o dos vocales ....
8. La siguiente combinación de vocales ai, au, ei, ia, iu forman un ....
9. La combinación de dos vocales débiles y una vocal fuerte en medio, forman un ....
10. ¿Qué tienen en común las palabras siguientes? Ferrocarril, barril, carretera, carril ....
....

EXAMEN DE LA UNIDAD NÚMERO DOS

Complete las siguientes oraciones

1. Yo, tú, él . . . se llaman pronombres ....
2. El complemento directo es la parte de la oración que recibe ....
3. El complemento indirecto es la parte de la oración ....
4. Me, te, le, la, lo . . . se llaman pronombres personales en función del..................................
5. Me, te, le, nos, os, les se llaman pronombres personales en función del..................................
6. Éste, ésta, éstos, aquéllos . . . se llaman pronombres ....
7. Que, quien, el cual, el que, cuyos . . . se llaman pronombres ....
8. Me, te, se, nos, os, se llaman pronombres ....
9. Mí, ti, usted, ella son pronombres personales como complemento de la ....
10. Cuando el sujeto de la oración es una persona o grupo de personas, se puede usar un ....
.... en lugar del nombre de la persona o personas.

EXAMEN DE LA UNIDAD NÚMERO TRES

I. Termine Ud. las siguientes oraciones.

1. Los miembros principales de la oración son .... y ....
2. La función que cumple el predicado es ....

UNIT 3

Underscore the correct verb in the following sentences.

1. I (am, is) applying for a job advertised in today's newspaper.

2. Mrs. Black and Mr. Evans (is, are) helpful supervisors.

3. Either the President or the Board Secretary (sends, send) out the stockholder's report.

4. Mr. Jones, financial advisor and lawyer, (suggests, suggest) I invest in more stocks and bonds.

5. Our company (develop, develops) energy-saving techniques frequently.

6. The clerk (shall, will) make the copies needed on the photocopy machine.

7. She (was, were) requested to make 300 copies.

8. Last week the machine was (operates, operated) continually in order to print the number of stock-holder's reports needed.

9. You (shall, will) have the report within a week.

10. About the cost per copy, you (was, were) right; each one (costs, cost) 5 cents.

UNIT 4

Write the past tense and past participle of the following list of irregular verbs.

Present	Past	Past Participle
1. begin		
2. break		
3. bring		
4. choose		
5. come		
6. do		
7. drink		
8. eat		
9. fall		
10. freeze		
11. give		
12. go		
13. grow		
14. ride		
15. run		

II. *Hay cinco clases de verbos. Identifique el predicado de las siguientes oraciones escribiendo la letra en el espacio.*

(a) transitivo (b) intransitivo (c) recíproco (d) impersonal (e) auxiliar

........1 ¡A trabajar!
........2 Se comunican por teléfono.
........3 Los empleados salieron a almorzar.

........4 El jefe ha dictado toda la correspondencia.
........5 Discuten y regatean.
........6 La cajera cuenta rápido y con esmero.

III. *Termine Ud. las siguientes oraciones.*

1. El verbo está constituido por morfemas: .... y ....

2. Las...................verbales constituyen el significado principal del verbo y las ....

...................verbales señalan la persona, número, tiempo y modo.

IV. *Identifique el modo (indicativo, subjuntivo) de los predicados indicados y su respectivo tiempo (presente, pretérito imperfecto, pretérito perfecto, pretérito pluscuamperfecto, futuro, condicional, progresivo).*

Modelo: Se comunican

indicativo — presente

1. ha pagado
----

2. se comunicará
----

3. anotara
----

4. está dictando
----

5. ahorre
----

6. haya cancelado
----

7. firmó
----

8. ahorraba
----

9. exportemos
----

10. dicutieran

EXAMEN DE LA UNIDAD NÚMERO CUATRO

Conteste a las siguientes preguntas.

1. La parte de la oración que nos dice lo que el sujeto de la oración hace ....

2. En español todos los infinitivos terminan en ...., ..., ...

3. Las terminaciones regulares del pasado de participio son: ...., ...

4. El pasado de participio se usa para formar los tiempos ....

For each of the following sentences select the correct form of the verb.

1. (give, gave) The manager .... a good report.
2. (ate, eaten) The girls .... their lunch in the cafeteria.
3. (did, done) Typing was the easiest work Connie had ....
4. (broke, broken) The calculators have been .... for three days.
5. (Chose, chosen) The person .... for the position is well qualified.

UNIT 5

Indicate whether the following words are adjectives, articles, verbs or nouns.

1. the   ---
2. car   ---
3. big   ---
4. an   ---
5. tree   ---
6. a   ---
7. grow   ---
8. office   ---
9. tall   ---
10. small   ---
11. huge   ---
12. traveled   ---
13. soft   ---
14. wide   ---
15. boy   ---

In the following sentences indicate which words are used as articles or adjectives.

1. The tall girl was a secretary.   ---
2. The office equipment was transferred.   ---
3. Big, strong, sturdy files are needed for all the folders. ---
4. The office managers wrote a long, interesting report.   ---
5. He placed all the brochures in a huge, deep box.   ---

5. Las terminaciones del presente de participio son:......................., ..., ...

6. El verbo conocer muda la C a ZC en el tiempo presente del indicativo. También en el............ .... de subjuntivo, y en el..formal.

7. El subjuntivo siempre expresa..................................... .

8. Los verbos terminados en CAR, GAR, ZAR mudan la C a..................., la G a................... y la Z a................... en la primera persona del tiempo pretérito del indicativo, en el presente de subjuntivo y en el imperativo formal.

9. Los verbos terminados en GER, GIR, GUIR mudan la G a..................., la GU a................... en la primera persona del presente de indicativo, en el presente de subjuntivo y en el imperativo formal.

10. Subraye los verbos que sufren cambio en la raíz al conjugarse: dormir, comprar, gozar, vender, recibir, pensar, servir, pedir.

EXAMEN DE LA UNIDAD NÚMERO CINCO

Conteste a las siguientes preguntas.

1. Este, ese, aquel son adjetivos ....

2. Los adjetivos comparativos tienen tres grados ...., ..., ...

3. El adjetivo concuerda con el sustantivo en .... y ....

4. Este libro cuesta ....aquél.

5. Esta recepcionista es .... amable ....aquélla.

Subraye la forma correcta del adjetivo

6. Las casas son *blanco, blancas, blanca.*

7. Carlos es un *bueno, buen* muchacho.

8. María es una *buena, buen* muchacha.

9. La empresa es *gran, grande.*

10. *Aquellos, esos* archivos de allá son los viejos.

KEY TO TEST NO. 1

UNIT 1

1. 26
2. a, b, c, d, e, f, g, h, i, j, k, l, m, n, o, p, q, r, s, t, u, v, w, x, y, z.
3. vowels
4. consonants

Nouns

1. staff, office
2. Mr. Jones, accountant, building
3. receptionist, people
4. managers, job
5. assistants, offices
6. Typewriters, desks, chairs, calculators, office

UNIT 2

Pronoun	Antecedent
1. their	girls
2. his	bookkeeper
3. her	file clerk
4. his	Maury
5. it	one
6. you	Tony
me	(speaker)
7. your	George
I	(speaker)
8. she	Pat
9. each	girls
10. you	Barbara

UNIT 3

1. am
2. are
3. sends
4. suggests
5. develops
6. will
7. was
8. operated
9. will
10. were, costs

UNIT 4

Past	Past Participle
1. began	begun
2. broke	broken
3. brought	brought
4. chose	chosen

SOLUCIONES DE LA PRUEBA I

CLAVE DEL EXAMEN DE LA UNIDAD NÚMERO UNO

1. treinta
2. fuertes
3. débiles
4. propios
5. comunes
6. colectivos
7. fuerte, débil o dos débiles
8. diptongo
9. triptongo
10. la letra erre

CLAVE DEL EXAMEN DE LA UNIDAD NÚMERO DOS

1. personales
2. la acción que el verbo expresa
3. a la cual se dirige la acción del verbo
4. complemento directo
5. complemento indirecto
6. demostrativos
7. relativos
8. reflexivos
9. preposición
10. pronombre

CLAVE DEL EXAMEN DE LA UNIDAD NÚMERO TRES

I. *Termine Ud. las siguientes oraciones*

1. el sujeto y el predicado (verbo)
2. la acción

II. *Identificación del predicado*

1. impersonal
2. recíproco
3. intransitivo
4. auxiliar
5. intransitivo
6. intransitivo

Past	Past Participle
5. came	come
6. did	done
7. drank	drunk
8. ate	eaten
9. fell	fallen
10. froze	frozen
11. gave	given
12. went	gone
13. grew	grown
14. rode	ridden
15. ran	run

Verbs

1. gave
2. ate
3. done
4. broken
5. chosen

UNIT 5

Adjectives, Articles, Verbs, Nouns

1. article
2. noun
3. adjective
4. article
5. noun
6. article
7. verb
8. noun
9. adjective
10. adjective
11. adjective
12. verb
13. adjective
14. adjective
15. noun

Articles/Adjectives

1. the, tall, a
2. the, office
3. Big, strong, sturdy, all, the
4. The, office, a, long, interesting
5. all, the, a, huge, deep

III. *Termine Ud. las siguientes oraciones*

    1. raíces y terminaciones.
    2. raíces, terminaciones

IV. *Identificación del modo y tiempo de los predicados indicados*

    1. indicativo — pretérito perfecto compuesto
    2. indicativo — futuro
    3. subjuntivo — pretérito imperfecto
    4. indicativo — presente progresivo
    5. subjuntivo — presente
    6. subjuntivo — pretérito perfecto
    7. indicativo — pretérito perfecto simple
    8. indicativo — pretérito imperfecto
    9. subjuntivo — presente
    10. subjuntivo — pretérito imperfecto

CLAVE DEL EXAMEN DE LA UNIDAD NÚMERO CUATRO

    1. el verbo
    2. -ar, -er, -ir
    3. -ado, -ido
    4. compuestos
    5. -ando, -iendo, -yendo
    6. presente, imperativo
    7. incertidumbre
    8. qu, gu, c
    9. j, g
    10. dormir, pensar, servir, pedir

CLAVE DEL EXAMEN DE LA UNIDAD NÚMERO CINCO

    1. demostrativos
    2. positivo, comparativo, superlativo
    3. género y número
    4. tanto como
    5. tan como
    6. blancas
    7. buen
    8. buena
    9. grande
    10. aquellos

TEST NO. 2

UNIT 6

Write the comparative and superlative forms for the following adverbs:

Positive	Comparative	Superlative
quickly	1.	2. ....
thoroughly	3.	4. ....
soon	5.	6. ....
closely	7.	8. ....
well	9.	10. ....

UNIT 7

In the following sentences insert "a" or "an" — whichever is correct.

1. .... appointment is necessary in .... business office to be sure of seeing .... executive who has little free time.

2. .... receptionist or .... secretary is usually responsible for making .... firm appointment for you.

3. You will not have to wait .... hour if you have .... appointment.

4. The time you save will enable you to have ....efficient and .... trouble-free day.

UNIT 8

Select the definition from the right-hand column that best matches each word in the left-hand column.

....1. Preposition

....2. Prepositional Phrase

(a) A word used before a noun or pronoun to show the relationship between that noun or pronoun and some other word in the sentence.

(b) A word that joins words or groups of words and shows the relationship between them.

(c) A word or group of words used to express strong feeling.

PRUEBA II

EXAMEN DE LA UNIDAD NÚMERO SEIS

I. *Substitución: Forme Ud. el adverbio.*

1. Use "-mente": El/La recepcionista recibe al cliente . . .

        (amable)   ....

        (cortés)   ....

        (inmediato)   ....

        (atento)   ....

2. Use "con": El/La dependiente atiende a la clientela con . . .

        (pronto)   ....

        (amable)   ....

        (cortés)   ....

        (puntual)   ....

II. *Traducción: Escriba Ud. en español las palabras subrayadas.*

1. Volverá *as soon as possible*.

   ....

2. El secretario lo hizo *the best he could*.

   ....

3. Ella es *as good a secretary as a stenographer*.

   ....

4. El cliente no ha ahorrado *as much as he should*.

   ....

5. Los productos se venden *as well here as* (they do) en México.

   ....

6. Archívelo *carefully, correctly and neatly*.

   ....

-----------------------------3. Modifier
-----------------------------4. Conjunction
-----------------------------5. Phrase
-----------------------------6. Clause
-----------------------------7. Interjection

(d) A group of words consisting of a preposition, its object, and any modifier of the object.

(e) A word, phrase, or clause that qualifies the meaning of a word or group of words.

(f) A group of words used as a noun, an adjective, or adverb without a subject or a verb.

(g) A part of a sentence that contains a subject and a predicate.

In the following sentences identify each preposition by circling it. Identify the prepositional phrases by underscoring them.

1. The typewriters were moved into the building.

2. Over the years many changes have occurred through technology.

3. Within three weeks, we have received many requests for the new product.

4. There are thirty offices in the building.

5. The director's office is across the hall.

UNIT 9

Place a check mark in the proper column to identify whether the following indefinite pronouns are singular, plural, or both (depending on their use).

	Singular	Plural	Singular/or/ Plural
1. either	-----------------	-----------------	-----------------
2. someone	-----------------	-----------------	-----------------
3. several	-----------------	-----------------	-----------------
4. every	-----------------	-----------------	-----------------
5. few	-----------------	-----------------	-----------------
6. any	-----------------	-----------------	-----------------

Underscore the correct contraction in the following sentences.

1. We (don't, doesn't) have any paper of that size.

2. There (don't, doesn't) appear to be any in the stock room, either.

3. The office manager will order more; she (don't, doesn't) know who used the last ream of paper.

4. It (don't, doesn't) matter if we can have it by the end of this week.

EXAMEN DE LA UNIDAD NÚMERO SIETE

Escoja Ud. el artículo apropiado dentro del paréntesis.

Luis Paredes había visto en el periódico (un, [1] uno) aviso de (un, [2] una) compañía local que solicitaba oficinistas. En su aviso (el, [3] la) compañía indicaba que sólo (el, [4] los) solicitantes que poseían (los, [5] las) calificaciones recibirían respuesta. Luis envió por correo (el, [6] la) solicitud (el, [7] la) lunes por (el, [8] la) tarde y a (los, [9] las) ocho días todavía no recibía ninguna respuesta. (El, [10] La) viernes por (el, [11] la) tarde él llamó por teléfono a (el, [12] la) oficina (de el, [13] del) personal y dijo que él le había escrito a esa compañía (un [14] una) carta (el, [15] la) lunes pasado. Sabía que él reunía (los, [16] las) calificaciones necesarias para (los, [17] las) plazas disponibles; sin embargo, aún no había recibido respuesta de la compañía. Les dijo que pasaría por la oficina para (el, [18] la) entrevista (el, [19] lo) más pronto posible

Vamos a ver. ¿Qué opina Ud. sea (el, [20] lo) correcto hacer en un caso semejante?

EXAMEN DE LA UNIDAD NÚMERO OCHO

Conteste a las siguientes preguntas.

1. La interjección se emplea para expresar ....
2. La conjunción sirve para....................dos o más palabras o frases de la misma categoría gramatical.
3. Las conjunciones de más uso son............ y ....
4. Pero, mas, aunque . . . son..
5. La preposición señala la relación entre su................................ y su................................
6. A, ante, bajo, con son..

En las oraciones siguientes escriba la regla que gobierna el uso de las preposiciones por y para

7. Pagó diez pesos por el sombrero ....
8. Salimos para Puerto Rico ....
9. Estaremos allí por dos semanas ....
10. Necesitamos el reglamento para la junta del mes próximo..

EXAMEN DE LA UNIDAD NÚMERO NUEVE

Escriba de nuevo el siguiente párrafo; cambie todas las palabras negativas a afirmativas y las afirmativas a negativas.

Los empleados de la empresa hacen travesuras cuando no hay nadie para vigilarlos; aún los jefes no sospechan nada. Entre ellos no hay gente desconfiada. Tampoco va a haber sesiones especiales. Nunca va a cambiar nada. Las sesiones ordinarias nada van a lograr.

KEY TO TEST NO. 2

UNIT 6

1. more quickly
2. most quickly
3. more thoroughly
4. most thoroughly
5. sooner

6. soonest
7. more closely
8. most closely
9. better
10. best

UNIT 7

1. an, a, an
2. a, a, a
3. an, an
4. an, a

UNIT 8

1. a

2. d

3. e

4. b

5. f

6. g

7. c

Preposition	Prepositional Phrase
1. into	into the building
2. over, through	over the years, through technology
3. within, for	within three weeks, for the new product
4. in	in the building
5. across	across the hall

UNIT 9

1. Singular
2. Singular
3. Plural
4. Singular
5. Plural
6. Singular or Plural

1. don't
2. doesn't
3. doesn't
4. doesn't

SOLUCIONES DE LA PRUEBA II

CLAVE DEL EXAMEN DE LA UNIDAD NÚMERO SEIS

I. *Substitución.*

1. -"mente" — amablemente
cortésmente
inmediatamente
atentamente

2. "con" — con prontitud
con amabilidad
con cortesía
con puntualidad

II. *Traducción.*

1. ... lo más pronto posible.
2. ... lo mejor posible.
3. ... tan buena secretaria como taquígrafa.
4. ... tanto como debe (debía, debiera).
5. ... tan bien aquí como ...
6. ... cuidadosa, correcta y esmeradamente.

CLAVE DEL EXAMEN DE LA UNIDAD NÚMERO SIETE

1 un	8 la	15 el
2 una	9 los	16 las
3 la	10 El	17 las
4 los	11 la	18 la
5 las	12 la	19 lo
6 la	13 del	20 lo
7 el	14 una	

CLAVE DEL EXAMEN DE LA UNIDAD NÚMERO OCHO

1. emoción
2. unir
3. y, o
4. conjunciones
5. antecedente, complemento
6. preposiciones
7. intercambio
8. destinación
9. período de tiempo
10. tiempo en el futuro

CLAVE DEL EXAMEN DE LA UNIDAD NÚMERO NUEVE

Los empleados de la empresa *no* hacen travesuras cuando *(omitir)* hay *alguien* para vigilarlos; aun los jefes ya sospechan *algo*. Entre ellos *sí* hay gente desconfiada. *También* va a haber sesiones especiales. *Algún día* va a cambiar *todo*. Las sesiones ordinarias *algo* van a lograr.

TEST NO. 3

UNIT 10

Underscore any words in the following letter that should be capitalized and insert all punctuation marks.

dear mrs smith

we were sorry about the delay in shipping your order   however   we plan to send you another shipment on thursday   september 24   if we can serve you again in the future   please let us know

yours truly

UNIT 11

Indicate whether the following sentences are true or false by circling T if the statement is true and F if the statement is false.

T or F   1.   A street address is always expressed in figures.

T or F   2.   Percentages are expressed in figures.

T or F   3.   "Twelfth" is a cardinal number.

T or F   4.   Arabic numerals are figures such as 2, 4, or 6.

T or F   5.   If a number appears as the first word of a sentence, it should be written as a figure, not a word.

T or F   6.   Indefinite numbers, such as "about fifteen," are expressed in words, not figures.

T or F   7.   Noon is indicated in figures as 12:00 A.M.

T or F   8.   In business letters, a date is usually written as **April 14** rather than **14th of April.**

T or F   9.   Holidays are capitalized in English.

T or F 10.   **Tenth** Street is the proper form for streets numbered from one to ten.

UNIT 12

Write the plural form for each of the following words.

1. half _____   4. man _____

2. bank _____   5. tax _____

3. supply _____   6. proceeds _____

Check in the appropriate column whether the following words are shown as singular possessives or plural possessives.

	Singular Possessive	Plural Possessive
1. customer's	_____	_____
2. hers	_____	_____
3. men's	_____	_____
4. offices'	_____	_____

PRUEBA III

EXAMEN DE LA UNIDAD NÚMERO DIEZ

Un poco de todo: indique la acentuación, letras mayúsculas y la puntuación.

1. vaya   por que
2. decia   compras y ventas
3. estimado   sr   aznar
4. si lo   se . contesto   el   pero

EXAMEN DE LA UNIDAD NÚMERO ONCE

Escriba oraciones completas siguiendo las instrucciones.

1. Escriba la fecha completa de hoy.

   ....

2. Indique la hora en que comienza este ejercicio.

   ....

3. Pida la hora actual.

   ....

4. Conteste la pregunta anterior.

   ....

EXAMEN DE LA UNIDAD NÚMERO DOCE

I. *Escriba la forma correcta del verbo indicado en el modo subjuntivo.*

1. (haber) : Tal vez ellos....................escrito las cartas esta semana.
2. (saber) : Ojalá que Ud........................... funcionar el calculador.
3. (llegar) : Quizás.......................los cheques en el correo de mañana.
4. (ser) : Permítame hablar con el gerente, con tal que no le...........................molestia.
5. (depositar) : Sí, señor, en caso de que Ud...........................cierta cantidad.

II. *Indicativo o subjuntivo: escoja la forma correcta del verbo.*

1. Se lo entregué cuando lo (vi, viera, vea).
2. Necesito hablar con la empleada que (vende, venda, vendiera) equipo fotográfico.
3. No, señorita, a menos que Ud. (termina, termine, terminó) su trabajo.
4. Siempre hay que decirle que (hace, haga, hiciera) algo.
5. Si Ud. (sale, salió, saliera) ganando el premio gordo, qué compraría.

KEY TO TEST NO. 3

UNIT 10

Dear Mrs. Smith:

   We were sorry about the delay in shipping your order. However, we plan to send you another shipment on Thursday, September 24. If we can serve you again in the future, please let us know.

Yours truly,

UNIT 11

1. T
2. T
3. F
4. T
5. F
6. T
7. F
8. T
9. T
10. T

UNIT 12

Plurals

1. halves
2. banks
3. supplies
4. men
5. taxes
6. proceeds

Possessives

1. Singular possessive
2. Singular possessive (substantive form)
3. Plural possessive
4. Plural possessive

SOLUCIONES DE LA PRUEBA III

CLAVE DEL EXAMEN DE LA UNIDAD NÚMERO DIEZ

1. ¡ V a y a !   ¿ P o r   q u é ?
2. D e c í a :   "C o m p r a s   y   v e n t a s".
3. E s t i m a d o   S r .   A z n a r :
4. S í ,   l o   s é ,   c o n t e s t ó   é l ,   p e r o . . .

CLAVE DEL EXAMEN DE LA UNIDAD NÚMERO ONCE

1. Hoy es (lunes, martes, etc.) y estamos a (2, 10, etc.) de (enero, febrero, marzo, etc.) de 1981.
2. A las (hora) de la (mañana, tarde, noche) comienzo.
3. ¿Qué hora es?
4. Es la una. (Son las tres, once, etc.)

CLAVE DEL EXAMEN DE LA UNIDAD NÚMERO DOCE

I. *Modo subjuntivo.*

1. hayan — hubieran
2. sepa — supiera
3. lleguen
4. sea
5. deposite — depositara

II. *Modo indicativo o subjuntivo.*

1. vi
2. vende
3. termine
4. haga
5. saliera

KEY TO ACTIVITIES

UNIT I

Activity I. Tape; repetition drill.

Activity II. Tape; repetition drill.

Activity III. Tape; repetition drill.

Activity IV.

```
     COL   C    C
1.  Staff, men, women.

        C     COL    C
2.  Accountant, group, workers.

        C      P       P       P
3.  Receptionist, Smith, Garcia, Chacon.

     COL      P      C
4.  Committee, Jane, representative.

     COL    C
5.  Crowd, president.
```

```
     COL    C
6.  Audience, feet.

     P     C      COL
7.  Jorge, manager, company.

     COL          P              C
8.  Team, Cactus High School, tournament.

     C     COL      C
9.  Clerk, Company's, filing.

      C       C       COL
10. Clerk, reservations, group.
```

UNIT 2

Activity I. Tape; repetition drill.

Activity II.

1. Accountants
2. Janet
3. Eraser, Juan, eraser
4. Marjorie and Sylvia
5. Everyone
6. One
7. Box
8. Everyone
9. Neither

Activity III.

1. Their, students
2. They, John and Dolores
3. You & your, Cathy
4. His, Joe; them, books
5. Her, Mary; it, purse
6. They, books; his, Gary
7. Her & her, Mrs. Garcia
8. Their, women
9. His, Maury
10. His, George

Activity IV.

1. **Him,** objective, indirect object
2. **Me,** objective, indirect object
3. **They,** nominative, subject
   Us, objective, indirect object
4. **Us,** objective, object of a preposition
5. **Me,** objective, direct object
6. **We,** nominative, subject
   It, objective, object of a preposition

UNIT 3

Activity I. Tape; repetition drill.

Activity II.

1. I work rapidly. I worked rapidly. I shall work rapidly.
2. You help occasionally. You helped occasionally. You will help occasionally.
3. She assists frequently. She assisted frequently. She will assist frequently.
4. They vacation annually. They vacationed annually. They will vacation annually.

SOLUCIÓN A LAS ACTIVIDADES

Actividad I. Grabación, ejercicio de repetición

Actividad II.	*Actividad III.*	*Actividad IV.*	*Actividad V.*
1. CH, LL, ñ, RR	1. rebaño	1. P	1. hombre
2. treinta	2. manada	2. P	2. caballo
3. a, e, i, o, u	3. recua	3. Com	3. río
4. Todas las otras letras del alfabeto, excluyendo las vocales.	4. bandada	4. Col	4. país
	5. humanidad	5. Col	5. montañas
	6. arboleda, bosque	6. Col	6. ciudad
5. D al principio de la palabra es fuerte; D en otra posición es suave.	7. flotilla, armada	7. Col	7. periódico
	8. ejército	8. Com	8. bebida
	9. sociedad	9. Com	9. océano
	10. pedrerío, pedregal	10. P	10. empresa

Actividad I. Grabación, ejercicio de repetición.

Actividad II.	*Actividad III.*
1. Yo, personal	1. El jefe lo lee.
2. aquél, demostrativo	2. La recepcionista lo contesta.
3. éstas, demostrativo	3. La señora Ramos los devuelve.
4. ésos, demostrativo	4. El auditor las ha reconciliado.
5. quien, relativo	5. La empresa les dio el informe; o, La empersa se los dio.

Actividad I. Grabación, ejercicio de repetición.

Actividad II.

1. trabajaron
2. ayudará
3. asistía a
4. vendería
5. ha prometido

Actividad III.

1. Yo trabajé ocho horas hoy.
2. ¿Se trasladará Ud. a Bogotá, Colombia?
3. Yo pienso asistir a la reunión.
4. Él me ha aconsejado sobre el problema con frecuencia.
5. Nosotros estamos recibiendo la mercancía puntualmente.
6. Usted había omitido el título del informe.
7. Si ella hubiera estado presente, se habría evitado el error.
8. La compañía emplearía a veinticinco trabajadores nuevos si fuera necesario.
9. Procederé de acuerdo a su sugerencia.
10. Por favor mande el pedido por entrega inmediata.

5. Maurice suggests constantly. Maurice suggested constantly. Maurice will suggest constantly.
6. We plan infrequently. We planned infrequently. We shall plan infrequently.
7. I file daily. I filed daily. I shall file daily.
8. You talk rarely. You talked rarely. You will talk rarely.
9. It runs nightly. It ran nightly. It will run nightly.
10. You understand completely. You understood completely. You will understand completely.

Activity III.

1. Will
2. Shall (**will** is acceptable)
3. Will
4. Shall (**will** is acceptable)
5. Will
6. Will
7. Will (emphasis)
8. Shall (determination)
9. Will; shall (**will** is acceptable)
10. Shall

Activity IV.

1. I worked eight hours today.
2. Will you transfer to Bogota, Colombia?
3. I plan to be present at the session.
4. He has advised me on the problem frequently.
5. We are receiving the goods punctually.
6. You omitted the title of the report.
7. If she had been present, the error would have been avoided.
8. The company was hiring twenty-five workers.
9. I shall go ahead in accordance with your suggestion.
10. Please rush the shipment.

UNIT 4

Activity I. Tape; repetition drill.

Activity II.

1. Began
2. Broken
3. Chosen
4. Came
5. Done
6. Drank
7. Eaten
8. Fallen
9. Gave
10. Gone
11. Grown
12. Known
13. Lain
14. Ridden
15. Rang

Activity III.

1. La fiesta empezó a las siete.
2. La máquina sumadora había estado rota durante dos semanas.
3. ¿Se ha seleccionado a las nuevas secretarias?
4. Jacobo vino al trabajo tan pronto como pudo.
5. El trabajo más difícil que jamás había hecho Ana era archivar.

UNIT 5

Activity I.

1. Long, dull, strange
2. Detailed, important
3. Big, long
4. Daily, difficult
5. Business, important
6. Larger, brown
7. Concerned, large, yellow, green, blue
8. Huge, small, red

Activity II.

1. An
2. A
3. An
4. A
5. An
6. The

Actividad IV.

1. Las empresas solicitan empleados bilingües.
   solicitaron
   solicitarán

2. Yo recibo su grata del mes de mayo.
   recibí
   recibiré

3. Mis jefes prometen escribir más claramente.
   prometieron
   prometerán

4. El saldo se cumple a fines del mes.
   cumplió
   cumplirá

5. El secretario revisa el correo.
   revisó
   revisará

UNIDAD NÚMERO CUATRO

Actividad I. Grabación, ejercicio de repetición.

Actividad II.

1. condujo
2. pagué
3. busqué
4. gocé
5. recé

Actividad III.

1. escojo
2. traduzco
3. reproduzco
4. introduce
5. sirven

Actividad IV.
1. siento
2. quieren
3. mantiene
4. recuerda
5. cuenta

Actividad V.
1. agradezca
2. conozca
3. produzca
4. conduzca
5. traduzca

Actividad VI.
1. buscara (se)
2. gozara
3. pagara
4. pagáramos
5. llegaran

UNIDAD NÚMERO CINCO

Actividad I. Grabación, ejercicio de repetición.

Actividad II.

1. esta
2. ese
3. esos
4. estas
5. esa

6. aquel
7. esos
8. esta
9. ese
10. aquellos

Actividad III

1. Este informe es peor.
   Este informe es el peor.
2. Esas máquinas son más nuevas.
   Esas máquinas son las más nuevas.

Activity III.

1. John's grades are higher than mine.
2. Jane is the taller of the two girls.
3. Correct.
4. It was the most awful storm I have ever seen.
5. Correct.
6. It was the warmest day of the summer.
7. That file clerk is better than the other.
8. His house is the farthest from work.
9. Of the three formats, I like this one the best.
10. John is the tallest of the three new employees.

Activity IV. Sentences may vary. Students should use the following key words: better, worse, more, farthest, least (littlest), most.

UNIT 6

Activity   I. Tape; repetition drill.

Activity II.

1. Directly
2. Busily
3. Considerably
4. Perfectly
5. Beautifully
6. Clearly
7. Quickly
8. Differently
9. Hopefully
10. Securely
11. Rapidly
12. Carefully
13. Certainly
14. Quietly
15. Deliberately
16. Skillfully
17. Frequently
18. Heavily
19. Hastily
20. Probably
21. Necessarily
22. Ordinarily
23. Fortunately
24. Slowly

UNIT 7

Activity I. Selection of article adjectives.

A young woman, Karen Elliott, is **an** employee in **a** large office in New York City. She works for **the** manager of **an** engineering firm. Karen was hired as **a** clerk-typist, but since she had **a** skill and could take shorthand, she soon became **a** stenographer. Karen began her office training while she was attending **a** high school in New York City and was **a** senior. She was employed in a part time capacity during her senior year by **an** office that eventually hired her full time. Karen's duties consist of typing reports for **the** head office, answering **the** telephone, taking messages, and filing all **the** correspondence which comes to **the** boss's office, as well as taking dictation and transcribing her shorthand notes. Karen is **a** very well-adjusted individual with **a** congenial personality which makes her well liked by all **the** office personnel. Karen is always courteous to **the** visitors to her office. She is **an** extremely efficient worker and all **the** tasks she is assigned are done thoroughly. Karen is **the** type of employee that most offices are glad to hire; she has **the** qualities necessary for **a** promotion.

Actividad III. (Continuación)

3. Estas carpetas son más blancas.
   Estas carpetas son las más blancas.
4. Aquellos archivos son más modernos.
   Aquellos archivos son los más modernos.
5. Esta empresa es más grande.
   Esta empresa es la más grande.

Actividad IV.

1. tan . . . como
2. tanta . . . como
3. tanto . . . como
4. tan . . . como
5. tantas . . . como

Actividad V.

A. 1. Es el suyo.
   2. El jefe de promoción les escribió a los suyos.
   3. El patrón les muestra las suyas.
   4. La compañía imprime las suyas.
   5. El empleado mostró la suya.

B. Traducción.

   1. Nuestro ....
   2. Mi ....
   3. Su ....
   4. ....tu

C. Para escoger.

   1. .... la nuestra.
   2. .... las suyas.
   3. .... ¿el suyo?
   4. .... los tuyos.
   5. .... el mío.

UNIDAD NÚMERO SEIS

Actividad I. Grabación, ejercicio de sustitución.

Actividad II.

1. directamente
2. puntualmente
3. considerablemente
4. felizmente
5. lentamente
6. claramente
7. ligeramente
8. rápidamente
9. calladamente
10. seguramente
11. frecuentemente
12. cuidadosamente
13. ciertamente
14. silenciosamente
15. posiblemente
16. probablemente
17. necesariamente
18. afortunadamente
19. últimamente
20. diariamente
21. mensualmente
22. anualmente
23. anteriormente
24. actualmente

Actividad III.

1. La tasa de interés ha aumentado considerablemente.
2. Desafortunadamente los salarios no han aumentado al mismo ritmo.
3. La bolsa de valores cerró exactamente a las 6:00 p.m.
4. Los ingresos de este año fácilmente han superado a los del año anterior.
5. El censo que se tomó recientemente indica un aumento de la población.

UNIDAD NÚMERO SIETE

Actividad I.

1. La
2. una
3. la
4. un
5. el
6. un
7. Las
8. la
9. las
10. los
11. la
12. el
13. los
14. un
15. la
16. el
17. una

Activity II. Taped exercise.

Activity III. Sentences supplying missing words.

1. The secretary talked on the telephone to set up a date for the meeting.
2. The lawyer dictated a new will to be transcribed by the secretary.
3. The cashier at the ticket office sold tickets to patrons of the theater.
4. The man saves his money in a savings bank and deposits his paycheck every Friday.
5. A woman told the salesperson that she would like to purchase a sweeper with its attachments.
6. A joint bank account is an account into which more than one member of a family can deposit money; they can also write checks against the funds in the account.
7. A charge account is a great responsibility to the person who does not know how to manage his money well.

UNIT 8

Activity I.

1. She reached across the desk for the folder. (Both adverb)

2. The secretary walked into the new elevator. (Adverb)

3. My cousin in Spain sent me a book of vocabulary words. (Both adjective)

4. Jim fell into the swimming pool. (Adverb)

5. We divided the work among the members of the office pool. (Adverb, adjective)

6. Pull that cord in case of emergency. (Adverb, adjective)

7. Walter is writing for samples of office materials. (Adverb, adjective)

8. A strong odor of coffee drifted from the office. (Adjective, adverb)

9. The secretary located the materials in the filing cabinet. (Adverb)

10. He placed the information in the wrong folder. (Adverb)

Activity II.

A.

1. Both — and, correlative. Sue — Al
2. When, subordinating
3. Either — or, correlative, Sam — Jerry
4. But, coordinating, Baltimore — Philadelphia
5. And, coordinating, baseball — football
6. If, subordinating
7. And, coordinating, Ned — Ted
8. Although, subordinating
9. When, subordinating
10. But, coordinating, people — they

B. Sentences may vary.

1. Subordinating
2. Subordinating
3. Correlative
4. Coordinating
5. Coordinating
6. Subordinating
7. Subordinating
8. Correlative
9. Subordinating
10. Subordinating

Actividad II. Grabación, ejercicio de revisión.

Actividad III.

1. Los teléfonos suenan todos los días.
2. Las llamadas son confidenciales.
3. Sus cheques no llevan ninguna firma.
4. Los clientes tienen unas cuentas de ahorros en los bancos.
5. Las cartas ya están listas.

Actividad IV.

1. La secretaria contesta el teléfono y le hace una cita para la sesión.
2. El abogado dicta el documentc y el secretario pasa a máquina el testamento.
3. Los cajeros están en la taquilla para cobrar los billetes.
4. La gente ahorra en el banco parte de su sueldo.

UNIDAD NÚMERO OCHO

Actividad I. Grabación, ejercicio de repetición.

Actividad II.	*Actividad III*.	*Actividad IV*.
1. y	1. hasta	1. ¡cielos! ¡Dios mío!
2. ni . . . ni	2. durante	2. ¡cuidado!
3. si	3. contra	3. ¡caramba!
4. que	4. hacia	4. ¡fuego!, ¡auxilio!
5. sino que	5. según	5. ¡cáspita!
6. poro	6. a	6. ¡ah!
7. sino que	7. sobrc	7. ¡caramba!
8. o	8. entre	8. ¡ay, ay!
9. aunque	9. de	9. ¡ea!
10. mas	10. excepto	10. ¡claro!

Activity III.

1. **"Gosh!"** he exclaimed, "Did you see her expression?"
2. **Wow!** He sold twenty cars this month!
3. **Stop!** You are going to run into the file cabinet!
4. **Ouch!** The rubber band broke!
5. **Oh,** You scared the daylights out of me!

UNIT 9

Activity I. Reading exercise.

Activity II. Tape; listening exercise.

Activity III.

1. **Don't** the **reports** have to be finished by Friday?

2. If more typing is necessary, **we don't** have time.

3. **We'll** need more time to finish the report.

4. **You're** to type it at once.

5. **They aren't** pleased with the progress of the work.

Activity IV.

1. Needs
2. Organizes
3. Are
4. Are
5. Accepts

Activity V.

1. Either John or Mary is at fault.

2. Neither the telephone nor the electricity is working.

3. In the morning, each employee should check with the manager.

4. Both days, Monday and Tuesday, are busy days at our office.

5. I sometimes think nothing is accomplished during the last 10 minutes of the day.

UNIT 10

Activity I.

A.
1. college?
2. years.
3. yipee!
4. Ms. rewarding.
5. employment?

B.
1. college,
2. employer, West, Monday, 17,
3. secretary, don't
4. course,
5. hard, however,
6. salesperson, accountant,
7. clerk;
8. don't 5:00 p.m.: mail, correspondence, report,
9. job; therefore, day's
10. You're 8:00 a.m.; you'll

Activity II. Inserting punctuation in unpunctuated paragraph. Student is to check his work from the punctuation dictated, as a taped, listening exercise, in Activity III.

Activity III. Tape; listening exercise.

UNIDAD NÚMERO NUEVE

Actividad I. Grabación, ejercicio auditivo.

Actividad II.

1. No estoy segura tampoco de que se termine para la reunión.
2. Él nunca tiene ninguna información para añadirle.
3. No, no tendrá nada para duplicar ni mañana, ni pasado.
4. Nunca nadie llamará para reclamar la demora del pedido.
5. Ni el señor Quiroga, ni el señor Muñoz van a comunicarse con nadie de la gerencia.

Actividad III.

1. algo
2. nadie
3. Tampoco
4. Nadie
5. ni jefe ni empleados
6. Ningún

Actividad IV.

1. O Juan o María tiene la culpa.
2. Ni el teléfono ni la electricidad funcionan.
3. Por la mañana alguien debe consultar al gerente.
4. Los martes y los jueves nunca son días muy ocupados en nuestra oficina.
5. A veces creo que nada se logra durante los últimos diez minutos del día.
6. Alguien del personal de nuestra oficina siempre me ayuda cuando me encuentro muy ocupada.
7. La producción de nuestra fábrica está mejor que nunca.

UNIDAD NÚMERO DIEZ

Actividad I.

A — 1. ¿Marcos universidad?
2. años.
3. ¡Albricias! empleo.
4. Sr. dorado.
5. ¿Cuándo empleo?

B — 1. bilingüe;
2. 5:00 tarde:
3. empleo;
4. 8:00;
5. muchísimo, sin embargo,

Actividad II. Anotar la puntuación apropiada en el párrafo. El estudiante revisará su trabajo al escuchar la grabación de la Actividad III.

Actividad III. Grabación, ejercicio auditivo.

Actividad IV.

1. Yo espero seguir mi carrera en *San Juan*, *Puerto Rico*.
2. ¿*El Sr.* Valdés, Director de *Personal*, entrevistará a *Arturo* para el empleo?
3. *R*evisaré los anuncios de las plazas abiertas en el periódico matutino *El Tiempo*.
4. *El* Presidente de la compañía me ha dicho que él sabrá para el jueves 24 de abril si yo consigo la plaza.
5. ¿Ha visitado *Los Ángeles*, *San Francisco*, o *San Diego*?

Activity IV.

1. I hope to pursue my career in San Juan, Puerto Rico.
2. Will Mrs. Landon, the Personnel Director, interview Bruce for the job?
3. In tomorrow's newspaper, The Florida Daily Star, I will check the advertisements for job openings.
4. The President of the company said I would know by Thursday, April 24, if I have the job.
5. Have you ever visited Los Angeles, San Francisco, or San Diego?

Activity V.

ca-reer	over-time	daily	stock-holders
itiner-ary (or) itin-erary	busi-ness	de-creased	Mrs. Ann-Bennette
pay-roll	pro-fit	bud-get	David-Rodgers, Jr.
sal-ary	wages	credi-tor	Tuesday, - May 17
saluta-tion, salu-tation	items	manage-ment, man-agement	July 12, - 19—
de-posit	unit	check	shar-ing
com-pute	trend	value	8119 River - Avenue
econ-omy			informa-tion, infor-mation

UNIT 11

Activity I. Tape, repetition drill

Activity II.

a.m.
{
1. 5:10 a.m.
2. 9:30 a.m.
3. 12 noon; 12 a.m. is midnight
}

p.m.
{
4. 10:20 p.m.
5. 6:45 p.m.
6. 3:55 p.m.
}

Activity III.

1. twelve o'clock; midnight
2. ten twenty; twenty past (or after) ten
3. six forty-five; a quarter to seven
4. three fifty-five; five minutes to four

Activity IV.

second	five	fifteen	six hundred thousand
eleventh	nine	twenty	six
sixteenth	twelve	sixty	nine
twenty-fifth	thirteen	three hundred	one hundred
thirty-second	fourteen	five thousand	one thousand

Activity V.

1. Thirteen
2. ten
3. 15 cents
4. 33
5. 501
6. $800
7. 10 East Tenth Street
8. 15 percent
9. twenty-five
10. Ninety-five

Actividad V

1. ca-rre-ra	7. e-co-no-mí-a	13. dia-ria-men-te	19. che-que
2. nó-mi-na	8. ex-tra-or-di-na-rias	14. dis-mi-nuir	20. va-lor
3. suel-do	9. em-pre-sa	15. pre-su-pues-to	21. ac-cio-nis-ta
4. sa-lu-do	10. ga-nan-cia	16. a-cre-e-dor	22. Sra. Ana-Benítez
5. de-pó-si-to	11. sa-la-rio	17. ad-mi-nis-tra-ción	23. Benjamín-Valles, hijo
6. com-pu-te	12. ar-tí-cu-los	18. de-pen-dien-te	24. martes,-17 de mayo

UNIDAD NÚMERO ONCE

Actividad I. Grabación, ejercicio de repetición.

Actividad II.

A.

1. Son las dos de la mañana menos cinco minutos.
2. Son las once de la noche y diez minutos.
3. Es la una y media de la tarde.
4. Son las doce del día menos cuarto.

B.

1. Eran las cuatro de la tarde.
2. Eran las seis menos cuarto de la mañana.
3. Eran las siete de la mañana menos diez minutos
4. Eran las cinco y cuarto de la tarde.

C.

1. La cierran a las seis de la tarde.
2. Llega a las diez menos cuarto de la mañana.
3. Salió a la una y media de la tarde.
4. Llamó a las cuatro y cuarto de la tarde.
5. Lo abren a las nueve de la mañana.

Actividad III.

1. a. Es la una de la mañana con ocho minutos.
   b. Pasan ocho minutos después de la una de la mañana.
2. a. Son las seis de la mañana con treinta y seis minutos.
   b. Son las siete de la mañana menos veinte y cuatro minutos.
3. a. Son las ocho de la noche con cincuenta minutos.
   b. Son las nueve de la noche menos diez minutos.
   c. Faltan diez minutos para las nueve de la noche.
4. a. Son las tres de la tarde.
   b. Son las quince horas.
5. a. Son las doce del día.
   b. Es el mediodía.

Actividad IV.

Segundo	Cinco	Quince	Seiscientos mil
Undécimo	Noventa y nueve	Veinte	Seis
Décimosexto	Doce	Sesenta	Once
Vigésimo quinto	Trece	Trescientos	Cien
Trigésimo segundo	Catorce	Cinco mil	Mil

Activity VI.

Dear Mr. Wilcox:

On **February 28,** we shipped you the merchandise which you ordered on **January 23.** In your letter of **March 10,** you indicated that you had not yet received the merchandise. If you have not received the shipment by **April 5,** please let us know so that we can send you a duplicate shipment immediately.

Sincerely yours,

UNIT 12

Activity I. Tape; exercise of singular and plural number.

Activity II.

1. one lady	5. safes
2. folios	6. news
3. fees	7. two series
4. two halves	8. one copy

Activity III.

1. bank's months'	6. depositors' year's
2. My weeks'	7. My company's month's
3. men's women's children's	8. Wilson's today's
4. day's his	9. workmen's years'
5. My their attorney's	10. week's men's boys'

Activity IV.

1. were	5. were
2. was	6. were
3. were	7. have been had been
4. had been have been	8. were

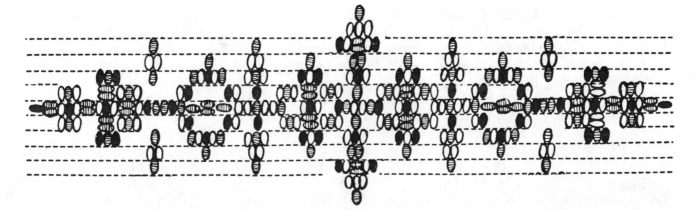

Actividad V.

1. Trece son las oficinas nuevas que se alquilan.
2. Aproximadamente diez escritorios cabrán en ese espacio.
3. Se cobrarán 15 centavos por cada llamada telefónica.
4. Encontrará el número de su teléfono en la página 33 de la guía telefónica.
5. Envíe por favor la cuenta a mi domicilio, que es Carrera 34, número 293.
6. El alquiler de la oficina le saldrá en mil ochocientos pesos ($1,800.00) al mes.
7. Nos hemos mudado a nuestra nueva oficina que queda en la Calle Diez al Este Núm. 10.
8. Esperamos un aumento del 15% dentro de un año en esta empresa.
9. Se espera que cerca de veinticinco personas trabajen en esta oficina.
10. Noventa y cinco grados Fahrenheit es demasiado caluroso para trabajar.

Actividad VI.

22 de agosto de 1980

Sr. Marco Antonio de la Torre

Estimado señor de la Torre:

El día último de febrero le enviamos la mercancía que usted pidió el 23 de enero. Cuando recibimos su carta del 10 de marzo, usted nos indicó que todavía no había recibido el pedido. Si no ha recibido el pedido para el 5 de abril, tenga la bondad de avisarnos, e inmediatamente le mandaremos la mercancía duplicada.

Muy atentamente.

UNIDAD NÚMERO DOCE

Actividad   I. Grabación, ejercicio auditivo/oral y de cambio de tiempos verbales.

Actividad   II.

1. A menos que Ud. *vaya* personalmente a la gerencia, no se resolverá el problema.
2. ¡Quizás le *hayan (hubieran) aceptado!*
3. Ellos les aconsejaron que *trabajaran* para esa empresa.
4. Si *fuera* bilingüe ya *estaría* trabajando en esta compañía desde ayer.
5. Al señor Salazar, mi jefe, siempre le *importa (importaba)* que nosotros *lleguemos (llegáramos)* a la hora.
6. Mis compañeros de trabajo *estaban* presentes cuando me pidieron que *aceptara* el puesto.

Actividad III.

1. No, pero si me lo *exigiera,* (yo) *buscaría* otro empleo. *(buscara)*
2. No, pero si me lo *pidieran,* (yo) no *aceptaría. (aceptara)*
3. No, pero si me la *contestaran,* (yo) *estaría* disgustado. *(estuviera)*
4. No, pero si me los *aceptaran,* (yo) *tendría* que pagar el saldo. *(tuviera)*

Actividad IV.

1. Prefiero que nuestro comité se reúna otro día.
2. Él insistió en que no se hiciera ninguna cita para los lunes.
3. No nos permiten llegar tarde (que lleguemos tarde).

Activity V. Tape; listening activity.

Activity VI.

Answers to questions. Sentences may vary, but should be in **complete sentences** with the following answers included:

1. V O I D
2. cancelled checks
3. printing checks, low monthly bank balance, overdrawing (2 of these)
4. computer
5. words; figures
6. overdrawing
7. part of a checkbook that lists amount of check, deposits, what the check is for, whom it is made payable to, new balance.

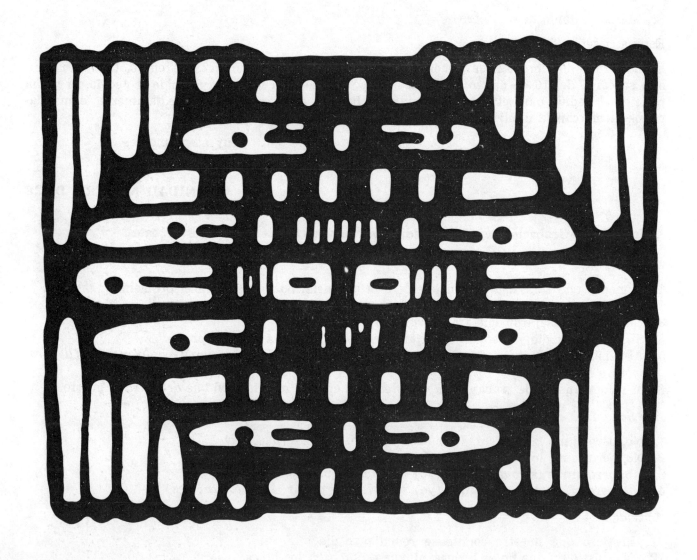

Actividad IV. (Continuación)

4. La gerencia lamenta que este incidente haya ocurrido.
5. Lo sentimos que los materiales no se hayan enviado a plazo.
6. Nos alegramos (Estamos contentos) de que vaya a trabajar para nuestra compañía.
7. Le sugerí que se fuera a casa puesto que ella no se sentía bien.
8. A ella le gustaría que tres empleados de oficina trabajaran juntos en el proyecto.
9. Fue una lástima que tuviera que volver a pasarlo a máquina.
10. Estaban contentos de que usted trabajara horas extras y recibiera más sueldo.
11. Lo siento que usted no haya recibido la información a tiempo.
12. Fue una lástima que lo hayas escrito (lo escribieras) a máquina sin seguir las instrucciones.

Actividad V.

Oraciones originales.

INDEX